DIFERENCIAS

HOMBRE MUJER

Descubre los últimos hallazgos científicos sobre las diferencias entre mujeres y hombres

Dr. Juan Moisés de la Serna

Copyright © 2017

www.juanmoisesdelaserna.es

Dr. Juan Moisés de la Serna

Ya nacimos diferentes
sólo mirando se ve
pero muchas otras cosas
por dentro están después.

De pequeños nos distinguen
a nosotros nos da igual
pero poco a poco luego
el género se notará.

La inteligencia es un echo
que no hay que olvidar
se desarrolla distinta
nos va haciendo cambiar.

Porque dentro no es lo mismo
la herencia XX o XY
lo saben los entendidos
y la vida es así.
Con género nacemos
que no en todos es igual
diferencias encontramos
eso nos hace especial.

Mejor ninguno lo es
de eso hay que estar seguro
cada uno es diferente
sensible uno, otro más duro.

Poco a poco vamos viendo
según creciendo se va
las diferencias que hay
se notan cada día más.

Hombre y mujer crecemos
la vida nos hizo así
con sus muchas diferencias
míralas, están ahí.

PREFACIO

Hablar de género es hacerlo de diferencias y semejanzas entre hombres y mujeres, un aspecto polémico pues se en ocasiones se trata de posicionar uno sobre otro.

La ciencia por su parte es ajena a estas discusiones centrada en ofrecer datos e información sobre las semejanzas y diferencias entre el hombre y la mujer.

En este texto se ofrecen los resultados de las últimas investigaciones realizadas por investigadores alrededor del mundo.

Descubre lo último que la comunidad científica ha descubierto sobre las diferencias hombre mujer.

ÍNDICE

Diferencia hombre mujer: Descubre los últimos hallazgos

Dedicado a mis padres

AGRADECIMIENTOS

Aprovechar desde aquí para agradecer a todas las personas que han colaborado con sus aportaciones en la realización de este texto, especialmente al Centro de Referencia Estatal de atención a personas con enfermedad de Alzheimer y otras demencias del I.M.S.E.R.S.O. (C.R.E. Alzheimer); a Dª. Pilar Rodríguez Pérez, cofundadora del blog Rhbneuromad; a Dª. Verónica Romero, investigadora de la Universidad Complutense; a Dª. Liliana Escalante, Directrora de Inspira Red de Líderes; y a Dª. Marian Carvajal Paje, psicóloga del Programa Contigo, Federación Española de Párkinson.

AVISO LEGAL

CAPÍTULO 1. EL ORIGEN DE LAS DIFERENCIAS

Hablar de diferencias hombre mujer es hacerlo inicialmente de genética, pues es sobre esta base en la que se sustentan las diferencias posteriores. El ser humano contiene 23 pares de cromosomas (unidades en donde se empaqueta el A.D.N. y A.R.N.), el último de ellos porta la información genética relativa al sexo, por ello se denomina cromosoma sexual, de los cuales existen dos tipos, el X y el Y, de estos cromosomas, la mujer siempre va a aporta el X en el óvulo, mientras que el hombre puede aportar X o Y en los espermatozoides.

La forma en que se combinan estos cromosomas determina el sexo del bebé, así si se da XX será niña, mientras que si se da XY será niño, aunque en ocasiones se producen alteraciones en la combinación genética pudiendo aparecer casos como:

- El Síndrome de Turne, en donde sólo hay un X, son mujeres con aspecto infantil con falta de desarrollo de caracteres primarios y secundarios, acompañado de infertilidad, baja estatura, con dificultades para las matemáticas y la comunicación no verbal.

- El Síndrome de Klinefelter en donde existen más X de la cuenta, mostrando XXY, aunque también puede darse XXXY, XXXXY, lo cual va acompañado de infertilidad por un fallo testicular provocado por el hipogonadismo, son hombres más altos y de extremidades más delgadas que sus progenitores, con predisposición a sufrir enfermedades autoinmunes y cáncer, retraso en el área del lenguaje con inteligencia normal, y propensos a sufrir trastornos del estado de ánimo.

- El Síndrome de Superhembras con XXX, son mujeres más altas y de extremidades más delgadas que sus progenitores, con predisposición a padecer depresión, mostrando en la mitad de los casos cierto retraso en el rendimiento intelectual y gran sensibilidad sensorial.

- El Síndrome de Superhombre con XYY, son hombres más altos y de extremidades más delgadas que sus progenitores, con predisposición a sufrir retrasos en el lenguaje, con dificultades en el aprendizaje, en algunos casos con un resultado en el coeficiente intelectual ligeramente inferior a la media.

La combinación genética no es más que el inicio de la diferenciación en el que se ha de pasar dos pasos para el establecimiento de las características sexuales de la persona:

- Determinación primaria, en donde se definen las gónadas, que son los órganos reproductores sexuales, con una importante función hormonal; en los hombres son los testículos (que producen andrógenos entre ellos la testosterona) y en las mujeres los ovarios (que producen estrógenos).

Ésta distinción surge a partir de la séptima semana de gestación y se da por la presencia o no del cromosoma Y, el cual es un factor determinante testicular, esto quiere decir que, si no aparece, el proceso "natural" de la gónada indiferenciada será hacia la generación de ovarios y con ello el bebé será niña, pero si está presente el cromosoma Y, se formarán los testículos y con ello el bebé será niño.

- Determinación secundaria, que tiene más que ver con el fenotipo, es decir, la expresión de dicha genética una vez establecida las gónadas, las cuales generan hormonas que van a ir modificando el organismo para convertirlo en hombre o mujer, en el primer caso se forma el pene, los testículos, mientras que en las mujeres la vagina y el útero.

Pero las gónadas no sólo van a jugar un papel de determinación fenotípica sino también en la constitución del cerebro, así la presencia de testosterona va a producir una serie de cambios en lo que se conoce como masculinización del cerebro y de la conducta, mientras que en otros mamíferos, además va a facilitar la aparición de comportamientos "instintivos" como peleas o marcaje territorial.

Pero incluso en éste proceso de masculinización pueden producirse errores debidos a una mutación en el cromosoma Y, un estudio realizado por la Universidad Case Western Reserve (EE.UU.) cuyos resultados han sido publicados en la revista científica Proceedings of the National Academy of Sciences informa de que el proceso de masculinización no es tan estable y robusto como se creía. El análisis se realizó sobre la mutación presentada por un padre y una hija estéril en donde ambos tienen cromosomas XY.

La diferencia en los distintos desempeños entre hombres y mujeres que se manifiestan en la vida adulta, se debe precisamente al dimorfismo sexual, producto de la masculinización del cerebro en el hombre, que se inicia por la producción de testosterona a partir de la séptima semana de vida, lo que se va a expresar en:

- Las mujeres van a estar mejor dotadas para emplear estrategias lingüísticas, manifestadas ya desde los primeros años de vida, hablando antes, con mayor fluidez, mayor facilidad para el aprendizaje de la lectura y la escritura, mejor memoria visual y velocidad perceptiva (identificación de objetos).
- Los hombres, por su parte, van a tener mayores aptitudes para las tareas espaciales, manifestado ya durante la infancia, teniendo mejor resultado en las tareas de reconocimiento de formas, de rotación de objetos mentalmente y con la representación de objetos en dos y tres dimensiones.

CAPÍTULO 2. DIFERENCIAS NEURONALES

Tal y como se señaló en el apartado anterior, las hormonas van a intervenir en la formación del cerebro, existiendo notables diferencias hombre-mujer, si nos fijamos únicamente en el tamaño del cerebro, este es un 10% más grande en los hombres; y en cuanto al peso entre un 11-12% mayor en hombres, ambos aspectos explicables por una mayor estructura física de los hombres.

Estudios recientes han podido concluir sobre las diferencias en la organización cerebral, así como sobre un uso particular del cerebro en cada género, encontrando:

- En el hombre, un mayor número de neuronas en el hipotálamo, la comisura anterior y el cuerpo calloso; además tiene un mayor tamaño el hemisferio derecho, la corteza cerebral, el cerebelo y la amígdala.

- En la mujer, un mayor número de neuronas en la comisura blanca anterior, en la parte posterior del cuerpo calloso y en el locus coeruleus, además tiene un mayor tamaño el hemisferio izquierdo, el sistema límbico y la comisura anterior.

Pero estas diferencias no se quedan sólo en el tamaño de las estructuras, sino que afectan también a cómo se usan, así se ha observado que los hombres emplean más las regiones temporo-límbicas (implicadas en la memoria y la motivación) y el cingulado en las mujeres (implicado en el procesamiento emocional).

Estas diferencias en el cerebro permiten desarrollar de forma más rápida algunas funciones que a otro tipo de cerebro le costaría más, de ahí surge la idea de la educación separada, entre hombres y mujeres para potenciar al máximo las capacidades relacionadas con el género, y llevado al extremo estaría la educación personalizada que buscaría el máximo desarrollo de las mejores capacidades individuales independientemente del sexo que se tenga.

Una de las aportaciones más controvertidas al respecto, es la que hace referencia al estudio del autismo y en concreto a la teoría del "Cerebro Extra Masculino", donde el autor de su "descubrimiento", explica algunos de los rasgos "típicos" que se encuentran entre los afectados por el autismo, como son los problemas de la comunicación, tanto al expresar sus emociones, necesidades y deseos, como en percibir e interpretar correctamente la de los demás, lo que se traduce en una baja capacidad empática.

La empatía es por definición una de las habilidades más desarrolladas, junto con el lenguaje, por parte de las mujeres, frente a los hombres, pero en los autistas está aún menos presente. El autor de ésta teoría, evaluó en distintos estudios dos aspectos que fueron: la empatía y la sistematización, entendida la primera como la capacidad de identificar los pensamientos y emociones de otros, y de responder con una emoción apropiada; la sistematización por su parte, hace referencia a la capacidad de extraer reglas de funcionamiento del medio ambiente, esto es, regularidades sobre cómo funcionan las cosas.

Lo que halló en sus investigaciones, fue que el hombre tiene mayor capacidad de sistematización que de empatía, lo contrario que la mujer, y que las personas afectadas por el autismo, tienen una sobrecapacidad para la sistematización mayor que en hombres y mujeres, en detrimento de la empatía menor que en hombres y mujeres, es decir, tienen maximizadas las habilidades "masculinas" en estos aspectos.

Según los estudios realizados en la Universidad de Cambridge (Inglaterra) estas manifestaciones serían debidas a un exceso de masculinización cerebral, provocadas por altos niveles de testosterona en el útero materno.

La teoría del Cerebro Extra Masculino se basa en datos anecdóticos, sobre las diferencias cerebrales hombre-mujer, e incluso en las en cuanto al número de casos de varones diagnosticados como autistas, frente a las féminas.

Lo que explicaría por qué éste trastorno del desarrollo se produce cuatro veces más en niños que en niñas, aspecto que está actualmente cuestionado, ya que se plantea que existe un sesgo por parte de los evaluadores a la hora de determinar el diagnóstico de autismo en niños frente a niñas.

Tal y como se ha demostrado en alguna investigación, lo que me recuerda al experimento con el "Bebe X", en donde se registra el comportamiento de los adultos frente a un bebé vestido con ropa azul, tradicionalmente asociada a los niños; ante otros adultos se presenta el mismo bebé, pero en esta ocasión vestido con ropita rosa, color tradicionalmente asociada a las niñas.

Los resultados muestran un comportamiento diferencial de los adultos, en su forma de hablar y tratarle, e incluso en la valoración de las habilidades del bebé en función del color de la ropa.

Es decir, cuando creían que se trataba de un varón, decían que se le veía fuerte y sano, y jugaban con vigor; mientras que cuando los adultos pensaban que era una hembra, porque vestía de rosa, decían que era muy bella y delicada, y procuraban no tocarlo demasiado.

Un comportamiento de adultos diferencial en función del género percibido que ha sido usado para corroborar las teorías ambientalistas sobre el género, las cuales defienden, que lo que realmente diferencian a hombres y mujeres es que reciben una estimulación diferencial, y que esto explicaría el comportamiento desigual de adulto, e incluso las diferencias cerebrales.
Uno de los problemas para comprobar si existe este efecto de sesgo en el diagnóstico del autismo, sería poderlo hacer a edades tempranas; el problema es que este diagnóstico se suele realizar a partir de los dos años, tiempo que se estima necesario para que los bebés consigan un desarrollo "normal" superando los retrasos que en ocasiones se producen en determinados individuos, pero ¿Se puede detectar el autismo durante el embarazo?
Esto es lo que trata de averiguarse a través de Un estudio realizado por el Hospital Real de Mujeres, la Universidad del Oeste de Australia, la Universidad de Melbourne y la Universidad de Curtin (Australia) cuyos resultados han sido publicados en la revista científica Journal of Neurodevelopmental Disorders.
Para ello entre 1989 y 1991, se analizó el contenido de los cordones umbilicales de ochocientas sesenta mujeres que acababan de dar a luz, para buscar marcadores hormonales en la sangre, en concreto los niveles de estrógenos citados por algunos estudios y por la teoría de la sobre-masculinización del cerebro, en el caso del autismo.
Pasados casi 20 años de esta primera fase del estudio se ha contactado con estos pequeños, para comprobar cuántos de ellos habían presentado síntomas del autismo, para lo cual se empleó un cuestionario estandarizado denominado A.Q. (Autism-Spectrum Quotient), para aquellos que no tenían ya un diagnóstico clínico de T.E.A. (Trastorno del Espectro Autista).

De todos ellos, se extrajeron los datos de ciento ochenta y tres varones, y ciento ochenta y nueve féminas, de los cuales se analizaron y compararon los resultados de los niveles hormonales tanto de andrógenos como estrógenos en el momento de nacer, para comprobar si estos podrían ser buenos predictivos del surgimiento del T.E.A.

Se observaron diferencias significativas en el grupo de varones, en cuanto a una mayor presencia de andrógenos, frente a las féminas, pero estos resultados no fueron significativamente diferentes de los obtenidos por los varones sin diagnóstico ni sintomatología autista.

Por lo que los datos obtenidos van en contra de la teoría de la super-masculinización del cerebro, al no encontrar diferencias entre varones con o sin autismo.

Igualmente, se informa de diferencias significativas a nivel hormonal entre el grupo de mujeres con y sin sintomatología autista, aunque no indica qué posibles implicaciones pueda tener en este trastorno.

A pesar de los resultados, los autores del estudio no plantean ninguna teoría explicativa sobre estos niveles diferenciales encontrados, ni de las posibles vías de influencia de estos en el desarrollo del bebé y de sus capacidades.

Hay que señalar que es un estudio exploratorio, que no sirve como método de diagnóstico, ni tampoco es útil para desarrollar ningún tipo de tratamiento farmacológico con lo que buscar controlar los distintos niveles hormonales y con ello alterar los resultados.

Previamente al tratamiento es preciso conocer mejor cuáles son los factores que intervienen y cómo afectan a las distintas partes del desarrollo, especialmente al cerebro del bebé, para una vez conocido, poder establecer hipótesis de intervención.

Señalar que exista una predisposición genética, o una base biológica de esta enfermedad, no minusvalora el papel medioambiental en el mismo, tanto como potenciador o limitador de las posibilidades del pequeño, donde el papel de los progenitores, y sobre todo de la estimulación adecuada que puedan proporcionar o dejar de ofrecer al pequeño, parece ser un factor determinante en el avance del trastorno del desarrollo.

<<Hay muchos estudios en los que se han investigado las diferencias cerebrales en función del sexo, también se ha estudiado si la recuperación en ambos sexos es igual o puede ser distinta debido a este factor endógeno. Investigadores de la «Wake Forest Baptist Medical Center», en Winston-Salem, Carolina del Norte, han concluido que las mujeres tienen peor calidad de vida después de sufrir un ictus, refiriendo que éstas son más propensas a tener más problemas de movilidad, dolores o depresión, pero lo cierto es que sigue siendo un tema muy estudiado y aún con controversias.
A la hora de tratar, se tiene en cuenta a la persona en sí, aunque pueden existir factores y diferencias entre ambos sexos, muchas veces marcados por las características intrínsecas y genéticas en sí, y otras marcadas por la propia sociedad y cultura (ej. la vida desarrollada antes de la lesión). No obstante esto no son medidas estándar, sino que siempre nos atenderemos a la persona, contexto y ambiente en el que nos encontremos.>>
Dª. Pilar Rodríguez Pérez, Terapeuta Ocupacional especializada en neurorrehabilitación y cofundadora del blog Rhbneuromad.

CAPÍTULO 3. DIFERENCIAS HORMONALES

Como se ha indicado con anterioridad, las gónadas (testículos en los hombres y ovarios en las mujeres) van a generar grandes cantidades de hormonas (testosterona en los hombres; estrógenos y progesterona en las mujeres) los cuales no sólo van a moldear el cuerpo del adolescente, sino que van a tener una relación directa en su conducta.

LA TESTOTERONA
Uno de los comportamientos tradicionalmente atribuidos al mundo animal a diferencia del humano es el de la agresividad como medio de subsistencia, ya sea con sus semejantes para conseguir y mantener un determinado estatus, como con sus presas.

En humanos, a pesar de que existen "rasgos" de agresividad en alguno de nuestros comportamientos diarios, como gritar al que realiza un adelantamiento indebido, estos no llegan a manifestarse como una amenaza para nuestros semejantes, todo ello gracias a la socialización, es decir, la interiorización de valores y códigos de conducta, que permiten la convivencia en sociedad.

La agresividad se ve fomentada en determinados momentos de escasez de recursos, o cuando se está ante un peligro inminente, igualmente el sitio donde se vive, por ejemplo, en un barrio inseguro, puede acentuar esa agresividad interna como medio de sobrevivir ante un medio hostil pero ¿De dónde surge la agresividad?

Los teóricos señalan a reminiscencias de los tiempos de las cavernas, donde la línea que nos separaba del mundo animal era muy fina, cuando se regían por los mismos comportamientos instintivos para alcanzar un estatus y mantener su territorialidad.

Algunos autores distinguen precisamente entre agresividad, entendida como algo "útil" para el individuo, y la violencia, como una conducta destructiva sin ningún fin en sí misma, aunque sus manifestaciones en peleas o agresiones a otro puedan a veces llevar a confusión.

El origen de la agresividad es multifactorial, ya que se debe tanto a un componente genético, como social y educacional, facilitado por el consumo de determinadas sustancias estimulantes, así como por algunos estados mentales distorsionados, como en el caso de los maniacos-depresivos, paranoides o psicóticos.

En humanos, durante muchos años se ha atribuido a la testosterona, como la responsable de la presencia de la agresividad, lo que explicaría por qué en la juventud que tiene los niveles más elevados de testosterona se muestran los comportamientos más agresivos, aunque también se ha observado cómo la agresividad genera mayores niveles de testosterona, por lo que no está claro cuál es el desencadenante de los dos.

Los estudios inicialmente llevados a cabo en hombres castrados indicaban que su menor agresividad se debía precisamente a la ausencia de testosterona, pero la administración de distintos niveles de testosterona soluble no muestra un incremento de la agresividad, por lo que se considera que es un elemento necesario, pero no suficiente.

Recordar que la testosterona, a pesar de ser una hormona presente principalmente en el hombre, no es exclusiva de él, ya que también la mujer la produce y se ve influenciada por sus efectos.

Aunque existen grandes diferencias en cuanto a la expresión de la agresividad según el género, siendo más explosivo y directo en el hombre, llegándose a enfrentar "cuerpo a cuerpo", mientras que en la mujer es más sutil y en ocasiones psicológico, produciendo el mismo o mayor efecto que el que se consigue con "los puños".

Como se ha indicado, hasta hace unos años, se consideraba que a mayores niveles de testosterona mayor conducta agresiva exhibida, para lo cual se medían los niveles de ésta hormona en centros penitenciarios o se administraba de forma soluble a voluntarios.

Actualmente se está poniendo en cuestión dichos resultados, observando cómo la presencia de testosterona ayuda a tener un mayor juicio de valor a la hora de tomar decisiones, pero también puede llevar a un comportamiento prosocial, al menos así lo afirma un estudio de la Universidad Erasmus de Rotterdam (Países Bajos) cuyos resultados han sido publicados en la revista científica Psychologial Science.

En el mismo se analizó el comportamiento de cincuenta y cuatro mujeres a las cuales a la mitad se les administró testosterona diluida, mientras que al resto se le daba un placebo, observándola en dos tipos de tareas, una que implicaba competitividad y otra que no.

Los resultados informan que, en aquellas tareas de tipo colaborativo, las mujeres que habían bebido testosterona estuvieron más dispuestas a colaborar que las que tomaron placebo, desmintiendo con ello el efecto negativo de la testosterona en todos los casos, como agente "incitador" de la agresividad.

Pero la testosterona no sólo va a tener un papel destacado en las relaciones sociales a través de la agresividad sino que también se ha sugerido que puede estar en la base de las diferencias presentadas en función del género del paciente en la enfermedad de Alzheimer, ya que uno de los hechos todavía no suficientemente explicados con respecto a esta enfermedad son las diferencias hayadas en cuanto al género, sobre todo porque el papel de la genética en la aparición de esta enfermedad no parece ser tan determinante como en otras patologías.

Algunos autores han tratado de explicar estas diferencias refiniéndolo a la edad de los pacientes, ya que las mujeres suelen, por media, vivir mucho más que los hombres, y la enfermedad de Alzheimer en un alto porcentaje está asociado a la edad, lo que explicaría, según estos autores, que en las mujeres se presentase en mayor medida el Alzheimer.

Otros autores por su parte han tratado de estudiar los biomarcadores diferenciales entre hombres y mujeres tales como el nivel de colesterol o la presencia de proteínas APOE-4, pero ¿Influye el nivel de testosterona en la aparición del Alzheimer?

Esto es precisamente lo que se ha tratado de averiguar con una investigación realizada desde la Universidad del Norte de Texas (EE.UU.), cuyos resultados se han publicado en la revista científica Alzheimer's Research & Therapy.

Los datos se extrajeron de un estudio mayor denominado Longitudinal Research Cohort of the T.A.R.C. (Texas Alzheimer's Research Care Consortium) donde se trata de localizar y analizar distintos biomarcadores que sirvan para el diagnóstico temprano, así como para conocer la efectividad de los tratamientos. Todos los participantes pasaron por una entrevista estructurada con el N.P.I. (Neuropsychiatric Inventory), la cual se emplea como diagnóstico previo, ya que es sensible detectando casos incluso antes de que la persona empiece a experimentar pérdidas de memoria asociadas a la enfermedad de Alzheimer.

Además, todos han sido previamente diagnosticados con pruebas neuropsicológicas como el M.M.S.E. (Mini Mental State Examination) o la C.D.R. (Clinical Dementia Rating), con una re-evaluación anual, y un análisis de sangre para buscar biomarcadores.

En este estudio participaron ochenta y siete hombres con una edad media de 75 años, donde cuarenta y cuatro de los cuales mostraban niveles bajos de testosterona, mientras que cuarenta y tres de ellos mostraban niveles normales.

Los resultados indican que ante niveles normales de testosterona, es más probable que se produzca sintomatología positiva como alucinaciones, irritabilidad o actividad motora.

En cambio aquellos pacientes que tenían niveles reducidos de testosterona no mostraban significativamente los síntomas positivos anteriormente descritos.

Los resultados por tanto son bastante reveladores en el sentido de que informan indirectamente sobre una posible intervención farmacológica para reducir los niveles de testosterona con lo que poder prevenir la sintomatología positiva asociada a la enfermedad de Alzheimer.

Si estos resultados se corroboran con nueva investigación, puede ser un punto de partida importante en la lucha contra el avance de esta enfermedad.

Como la investigación únicamente se realizó con varones no se puede conocer qué efecto tiene la testosterona entre la población femenina que es donde se produce una mayor incidencia de esta enfermedad.

Igualmente entre las limitaciones del estudio está el no comparar la testosterona con otros biomarcadores ya conocidos, pues en la combinación de varios puede estar en la clave del avance de la enfermedad, no siendo necesariamente explicado sólo por la presencia o ausencia de un solo biomarcador.

LA OXITOCINA

Existen múltiples neurohormonas (hormonas del cerebro) que regulan el comportamiento de la persona, como son la dopamina, acetilcolina, endorfinas...

Así a nivel de receptores dopaminérgicos (implicados en funciones emocionales y de placer) existen diferencias, presentándose en mayor cantidad en los cerebros femeninos frente a los masculinos.

La oxictocina por su parte denominada como la hormona social, ya que su presencia modula el comportamiento, volviendo a la persona más abierta a los demás, con lo que facilita el contacto entre iguales, también se ha relacionado con el componente filial, siendo necesario para el desarrollo del sentimiento maternal o paternal sobre su descendencia.

Con respecto al autismo, y tal y como se ha comentado con anterioridad, la teoría del Cerebro Extra Masculino intenta explicar la mayor incidencia de casos en niños frente a niñas debido a un incremento destacable de testosterona durante la gestación, no presente en el resto de los niños sin éste trastorno.

Precisamente, es en el componente social donde existe una importante carencia entre las personas diagnosticadas con el trastorno del espectro autista, lo que hace que se "encierren en su mundo" sin querer interactuar con los demás.

Para comprobar el papel de las diferencias neurohormonales entre niños con y sin diagnóstico de trastorno del espectro autista se ha realizado una investigación por parte de la Universidad Comenius de Bratislava conjuntamente con la Universidad del Sudeste de Nova (Polonia) cuyos resultados han sido publicados en la revista científica Open Journal of Medical Psychology.

En el estudio participaron ocho pequeños diagnosticados con el trastorno del espectro autista, siete de ellos varones.

A todos se les extrajeron muestras de sangre para su análisis, a la vez que realizaban distintas pruebas neuropsicológicas que valoran el desempeño social así como diversas funciones cognitivas.

Los resultados indican que los participantes mostraban elevados niveles de oxitocina y que ésta correlacionaba positivamente con la falta de habilidad de adaptación a los cambios por parte de los menores, es decir, altos niveles de oxitocina provoca un mayor número de comportamientos "inadaptados", lo que hace que sea "rechazado" por sus compañeros, que no "ven bien" un comportamiento inadecuado, facilitando así el aislamiento social característico que sufren algunos pequeños con éste trastorno.

El no haber incluído un número suficiente de niñas en el estudio, no permite realizar una comparación en función del género para comprobar si la oxitocina es un factor diferencial, y de ser así ver cómo afecta en cada caso.

LA OVULACIÓN

Pero si hay algo diferencial entre hombres y mujeres, y exclusivo de ellas, es la ovulación, que se inicia en la adolescencia temprana con la menarquía o menarca (primer episodio de sangrado vaginal de origen menstrual) manteniendo un ciclo que se produce aproximadamente cada veintiocho días, el ciclo menstrual o ciclo sexual femenino, que permanecerá durante toda la edad adulta hasta finalizar en la menopausia.

En éste ciclo, dirigido a posibilitar el embarazo, se suceden cuatro etapas claramente diferenciadas, la menstruación o el sangrado menstrual; la pre-ovulación o fase folicular; la ovulación y la post-ovulación o fase lútea.

Éste ciclo de la ovulación puede variar, ampliando o recortándose, por la presencia de agentes internos o externos. Entre los primeros cabe mencionar algunas enfermedades, el estrés o problemas emocionales que pueden producir desequilibrios hormonales.

Entre los agentes externos como la luminosidad o la temperatura, quizás el más sorprendente es el llamado efecto McCLintock en honor a su descubridora, conocido también como Regulación Social de la Ovulación o Sincronía Menstrual.

El efecto McCLintock, es un fenómeno por el que se sincronizan los ciclos menstruales de dos o más mujeres cuando éstas comparten durante bastante tiempo el mismo espacio (3 meses o más), ya sea la casa o el lugar de trabajo, para lo cual no es preciso que sea familiar.

Su descubridora Martha McClintock, apuntó que era consecuencia directa del influjo de las feromonas, las cuales son sustancias olorosas que desprende un organismo con el fin de modificar el comportamiento de otros. Hasta ese momento sólo se había observado en plantas y animales en relación con las conductas de atracción de potenciales parejas o repulsión de enemigos o competidores, pero se desconocía su influencia en el ser humano.

El ciclo de ovulación aparte de producir efectos fisiológicos en el organismo debido a las cambiantes hormonas, va a conllevar diversos efectos en el desempeño psicológico y académico, incluso en el comportamiento del consumidor.

Al menos así lo afirman los autores de una investigación realizada por la Facultad de Gestión Carlson, Universidad de Minnesota conjuntamente con el Departamento de Psicología, Universidad Cristiana de Texas; y el Departamento de Psicología, Universidad de Texas en Austin (EE.UU.) y la Universidad de Gestión de Singapur (Singapur), cuyos resultados han sido publicados en la revista científica Journal of Consumer Research

En el estudio se ha observado cómo las mujeres durante la ovulación tienden a comprar aquella ropa y productos que la hacen verse más "sexys", compartiendo con los demás sus propias emociones, ya que internamente se sienten más atractivas.

Pero también tiene consecuencias en la sensibilidad de la mujer a las conductas reproductivas, así lo ha mostrado una investigación realizada desde la Facultad de Kinetics Humana, Universidad de Ottawa (Canadá) cuyos resultados han sido publicados en la revista científica Scientific American.

En el estudio se analizó durante dos periodos de ovulación la capacidad olfativa de diecisiete mujeres que toman anticonceptivos frente a otras dieciséis mujeres que siguen su ciclo natural.

Las conclusiones del estudio informan sobre la mayor sensibilidad de las mujeres que siguen su ciclo natural frente a las que tomaban anticonceptivos, siendo las primeras más sensible en los días posteriores a la ovulación y durante la fase lútea.

Los autores informan que, a pesar de existir estudios previos contradictorios sobre éste aspecto, la mayor sensibilidad puede jugar un papel importante a la hora de buscar pareja reproductiva, determinado por las feromonas.

CAPÍTULO 4. DIFERENCIAS EMOCIONALES

El cerebro del hombre y la mujer no son iguales, luego su funcionamiento es muy diferente sobre todo en el aspecto emocional, así se puede observar en el caso de:
- El procesamiento emocional, es decir la capacidad de observar e interpretar correctamente las emociones propias de los demás, donde la mujer muestra mayores habilidades de procesamiento, y capacidad de empatía (ponerse en el lugar del otro), lo que la habilita para un mejor desarrollo social.
- La expresión de las emociones, donde la mujer tiene mayor facilidad de expresión ya que procesa con el mismo hemisferio mientras que el hombre procesa la información lingüística en uno y la emocional en otra.

- La capacidad del lenguaje, donde la mujer muestra un hemisferio izquierdo más grueso que los hombres (área de Broca y de Wernike) lo que indicaría un mayor desarrollo de las estructuras implicadas en la comunicación, lo que le permite tener mejor desempeño en pruebas de memoria verbal, fluidez verbal y velocidad de articulación.

Observándose las diferencias anteriores ya desde edades muy tempranas, así las niñas se fijan más en las emociones de los demás, dando mayor importancia a las relaciones sociales que los niños.

Mostrándose ellas superiores en lenguaje, fluidez verbal, velocidad de articulación, gramática y cálculo aritmético. Mientras que los niños son mejores en procesamiento espacial, razonamiento matemático y habilidades mecánicas.

LA COMPASIÓN

La compasión es vista en muchas culturas como una "debilidad" del ser humano; pero si nos paramos a pensar, esto es precisamente lo que nos distingue de muchos animales.

Cuando hay una persona anciana, enferma o discapacitada, se "activa" en nosotros la compasión, y tendemos a ofrecer ayuda y protección; algo que ya se ha observado desde nuestros ancestros, al encontrar en enterramientos a personas con huesos fracturados cicatrizados, señal de que el grupo atendió y cuidó al accidentado, el suficiente tiempo como para que se curase.

La compasión es lo que nos moviliza también en las causas solidarias, cuando sucede un problema grave o catástrofe, y se recibe ayuda de verdaderos desconocidos.

Un protector contra las emociones negativas como la ansiedad, el enfado o el miedo, fomentando la amistad, y las relaciones sociales.

Un constructo que está muy relacionado con la empatía, la capacidad de entender las emociones del otro y ponernos en su situación, pero ¿Quiénes son más compasivos los hombres o las mujeres?

Esto es lo que se ha tratado de responder con una investigación realizada por el Departamento de Comunicación, Universidad Estatal de California (EE.UU.) cuyos resultados han sido publicados en la revista científica Journal of Happiness & Well-Being.

En el estudio participaron seiscientos trece estudiantes universitarios con edades comprendidas entre los 18 a 42 años, de los cuales trescientos diez eran mujeres.

A todos ellos se les administraron una serie de cuestionarios estandarizados, para evaluar el nivel de compasión se empleó el Compassion Scale, para evaluar el nivel de tensión personal a la hora de comunicarse se empleó el P.R.C.A.-24 (Personal Report of Communication Apprehension); para evaluar el nivel de neuroticismo se usó el H.S.N.S. (Hypersensitive Narcissism Scale) y por último para evaluar el nivel de agresividad verbal habitualmente empleado se usó el Verbal Aggressiveness Scale.

Como factores principales, los resultados muestran diferencias significativas en función del género en cuanto a la compasión, siendo más elevada en mujeres.

También se encontraron diferencias significativas en cuanto al nivel de tensión en la comunicación y en el uso de agresividad verbal, siendo en ambos casos mayor en hombres. Por último, no se han encontrado diferencias en cuanto al narcisismo en función del género.

Como factores de interacción, se encontró que cuando se es más compasivo, se exhiben niveles más bajos de tensión en la comunicación, de agresividad verbal y narcisismo.

Entre las limitaciones del estudio está el emplear únicamente evaluaciones mediante cuestionarios, en vez de usar otras de tipo observacional o role-play para comprobar lo que se haría en una situación real.

En el estudio no se ha evaluado la inteligencia emocional, factor fundamental para comprobar el desarrollo de habilidades de relaciones interpersonales; tampoco se ha evaluado el nivel de alexitimia, relacionado con la capacidad de percibir las emociones en los demás y de dar una respuesta adecuada.

Igualmente, y tal y como indica la autora del estudio, la constatación de diferencias significativas no está acompañada de una teoría que las explique, ni indique las implicaciones que esto conlleva.

La autora también indica que se precisa realizar nuevas investigaciones en las que analizar los distintos tipos de compasión, según la proximidad afectiva del destinatario de la misma, así como la autocompasión.

LA INTELIGENCIA EMOCIONAL

Si hay un concepto clave en cuanto a la emoción, este es precisamente el de inteligencia emocional, popularizado por que involucra toda la tradición sobre el estudio y análisis de las emociones, unido a los últimos avances de las neurociencias.

La importancia de la Inteligencia Emocional radica en la capacidad de control de los niveles de estrés, aparte de ser una herramienta fundamental para el sostenimiento de las relaciones sociales.

Con respecto al primero, el saber poner en situación lo que acontece, es imprescindible para relativizar el estrés, y saber que lo que se siente es fruto de un momento determinado, pero que con el tiempo se puede conseguir superar los inconvenientes que surjan, o al menos evitarlos.

En cambio, si una persona está inmersa en el estrés, este le puede llegar a bloquear e impedir buscar una solución a esa situación.

Además, el mantener unos niveles elevados de estrés, provoca que el organismo se va "desgastando" más rápidamente, lo que hace que surjan problemas de salud, de ahí la importancia de tener un correcto desarrollo de la inteligencia emocional.

Con respecto al papel social de la inteligencia emocional, indicar que esta es fundamental, pues toda relación se basa en un intercambio que va más allá de la información, ya que gracias a la inteligencia emocional podemos saber que la otra persona viene hoy preocupada, triste o feliz; igualmente, el otro, puede conocer si nos pasa algo observando las emociones que expresamos.

En el caso contrario, en el que existe unos niveles reducidos de inteligencia emocional nos encontraríamos ante una persona con alexitimia, lo que el propio Daniel Goleman denominaba "un analfabeto emocional", incapaz de conocer qué es lo que está sintiendo uno mismo, y qué es lo que sienten los demás, pero ¿Existen diferencias de género en la Inteligencia Emocional?

Esto es lo que se han tratado de responder con una investigación realizada desde la Universidad de Málaga (España) cuyos resultados han sido publicados en la revista científica Frontiers in Psychology.

En el estudio participaron seiscientos sesenta y cinco adultos con edades comprendidas entre los 18 a 68 años, de los cuales trescientos treinta y seis eran mujeres.

A todos ellos se les administró un cuestionario sobre los niveles de estrés percibido mediante P.S.S. (Perceived Stress Scale); la Inteligencia Emocional se evaluó mediante la prueba M.S.C.E.I.T. (Mayer-Salovey-Caruso Emotional Intelligence Test), y el estado de salud general de la persona mediante la escala estandarizada S.H.S. (Subjective Happiness Scale).

Los resultados informan que los hombres que experimentan niveles de estrés más elevados también lo hacen en cuanto a los niveles de bienestar personal, es decir, de felicidad y de depresión.

En cambio en las mujeres no resulta significativa la relación anterior, no encontrándose relacionado los niveles de estrés, y por ende, de inteligencia emocional, con los niveles de depresión o felicidad personal.

Por lo cual, para aumentar los niveles de felicidad en el hombre bastaría con realizar una intervención sobre la inteligencia emocional del mismo.

A pesar del extenso número de participantes, las pruebas empleadas han sido en todos los casos autoinformes, sobre lo que la persona piensa o cree, aspecto que tendría que ser corroborado por otro tipo de recogida de datos como la observación o las preguntas a familiares o amigos ya que la visión de uno mismo, y la autoevaluación suelen mostrar siempre sesgos en lo que respecta a las investigaciones.

Igualmente, un rango tan amplio de edad de los participantes, no permite comprender cómo va evolucionando esta relación, si es que existen diferencias de género en función de la edad. Así, un análisis por edad, podría informar si los adolescentes se parecen más o menos en función del género, y en qué momento se producen diferencias, por ejemplo a edades más avanzadas.

CAPÍTULO 5. DIFERENCIAS COMPORTAMENTALES

Existe una aproximación que defiende la teoría biológica del desarrollo, esto es, que los genes determinan el comportamiento, pero es una minoría, pues aunque parece evidente que sin genes no hay persona y sin ello no hay comportamiento, también hay que tener en cuenta la influencia del entorno.

Es cierto que se puede nacer con una predisposición genética a padecer tal o cual enfermedad, pero que se manifieste depende de otros muchos factores, como la propia forma de pensar, de ver el mundo, de relacionarse, de la sociedad en que se vive o de las circunstancias externas, pero si hasta ahora se ha visto que existen evidentes diferencias hombre-mujer, ¿Eso quiere decir que se van a exhibir comportamientos desiguales según el género?

Para contestar a esta cuestión voy a poner un ejemplo, supongamos que el cerebro es un coche, hay coches con más potencia de carga y otros más rápidos, pero el que vaya más o menos rápido depende de su conductor.

El conductor esta influenciado por muchos aspectos como la personalidad (que le guste correr más o menos), la reglas sociales (las señales de trafico) y por supuesto el vehículo (su potencia o velocidad).

Así puede encontrar a dos vehículos que van a la misma velocidad (mismo comportamiento) y puede suponer que son el mismo coche (mismo cerebro), pero no tiene porqué ya que existen otros factores que influyen; o al revés, vehículos que van a distintas velocidades (comportamiento diferente) y se puede pensar que es porque tiene diferente vehículo (cerebro diferente) y no tiene por qué ser así.

En conclusión, dos cerebros "iguales" (dos hombres o dos mujeres) no significa que se comporten "igual", Ni dos cerebros "diferentes" (hombre - mujer) no quiere decir que se vayan a comportar de forma "diferente".

A pesar de ello existen diferencias en el comportamiento entre hombres y mujeres, por ejemplo en el caso de la agresividad, donde en el hombre es más expresiva, directa y violenta, mientras que en la mujer es más sutil e indirecta.

*ROLES

Los roles, son reglas que la propia sociedad se impone como medio de convivencia, y que son enseñadas desde pequeño, ya sea en la escuela o en la casa (con el ejemplo de los padres).

Con respecto al modelo "tradicional" que algunos asemejan al patriarcal, se ha mantenido el reparto de tareas que ya tenían nuestros ancestros desde las cavernas, donde la mujer se encarga del cuidado, atención y alimentación del menor, quedándose para ello en el hogar, mientras que el hombre ha de salir a buscar comida, anteriormente cazándola, actualmente yendo a trabajar.

Éste esquema de reparto de tareas ha servido de base para justificar las diferencias neuropsicológicas de ambos sexos, así la mayor capacidad de los hombres, en la orientación espacial, es fruto de la necesidad de saber dónde se encuentra, hacia dónde dirigirse para buscar su presa y sobretodo cómo volver una vez cazada, igualmente un cuerpo más rápido y fuerte es más útil para éstas funciones.

En cambio, la mujer es capaz de desempeñar un trabajo más meticuloso y cuidadoso, especializada para la selección y recolección de frutos para lo cual ha desarrollado una sensibilidad y capacidad de atender y distinguir pequeños matices, volcada en la atención y cuidado del menor, siendo capaz de empatizar con ellos, como forma de saber qué es lo que les pasa y cómo se sienten.

Pero esto no sólo ha influido en las diferencias físicas y de capacidades psicológicas, sino también en otros ámbitos, como el de la expresión de las emociones, así los hombres han aprendido a expresarse mediante la exhibición de conductas agresivas contra los demás, mientras que la mujer es más sutil, prefiriendo emplear la expresión oral para comunicar cómo se siente.

Dentro del reparto de roles, la figura paterna era la que menos tiempo pasaba con el menor, a pesar de lo cual mantenía un carácter autoritario, siendo el "encargado" de regañar y reprender al pequeño, que no cumplía las expectativas o cuando el menor exhibía un comportamiento alejado de las normas socialmente establecidas.

La madre por su parte, y debido a la mayor proximidad al menor, era la "dispensadora" de cariño y cuidado, siendo a quien acudía el menor cuando se caía o tenía algún problema ya fuese de salud o con otros miembros de la comunidad.

A medida que ha ido cambiando la sociedad también lo han hecho los papeles que se les atribuía a cada género, un ejemplo de ello es la inversión de roles que se produce en el norte de Europa, donde los hombres son los que permanecen en casa haciendo las labores del hogar, encargados del cuidado de los bebés, mientras que las mujeres son las que "salen a buscar comida" es decir a trabajar.

En la sociedad actual en que los dos miembros de la pareja trabajan, los roles son difusos, siendo en muchos casos trasladada a los abuelos o a las guarderías, la función de cuidado y protección del menor; eso ha provocado que la figura de autoridad no esté tan claramente establecida y que los abuelos sobreprotejan a los pequeños, todo lo cual va a traer consecuencias futuras en el menor.

Ésta adaptación de capacidades en función de los distintos roles, es defendida desde los modelos ambientalistas y socioculturales, quienes afirman que, si el reparto de papeles hubiese sido de otra forma en tiempo de nuestros ancestros, éstas diferencias actuales hombre-mujer no existirían o se manifestarían de manera distinta.

Desde la perspectiva biologicista, la determinación de las diferencias de género, viene "programada" en el A.D.N. en concreto en el par 23, siendo la presencia del cromosoma "Y" determinante y desencadenante de la distintas manifestaciones biológicas y neuronales, propiciando desarrollos diferenciales en hombres y mujeres, que luego van a condicionar sus habilidades y potencialidades.

La postura intermedia indica que se está determinado biológicamente para poder desarrollar más fácilmente unas habilidades que otras, pero su desarrollo va a depender de "la presión ambiental" es decir, de las necesidades que promueven el esfuerzo y ejercicio de una u otra función.

Así la mujer puede desarrollarse mejor con unas capacidades que con otras, pero en un momento determinado la sociedad le va a demandar el desarrollo de unas habilidades y no otras para cumplir su rol, dejando el resto de potencialidades sin usar; y lo mismo le ocurre al hombre pero con el papel que le demanda en ese momento la sociedad.

*FIDELIDAD

El conocimiento de la genética permite obtener información sobre cómo se transmite (genotipo) de padres a hijos, y cómo ésta se expresa conformando un hombre o una mujer (fenotipo), existiendo ciertas tendencias asociadas a uno u otro sexo, datos que provienen más de la investigación con otros mamíferos que con humanos.

Pero si nos ceñimos estrictamente a los "instintos", existen dos básicos que todos heredamos y que únicamente se "activan" cuando se dan las circunstancias adecuadas para ello, como son el instinto de supervivencia del individuo y el de conservación de la especie.

Aunque no en todas las personas llegan a expresarse, si se producen en casos como accidentes o catástrofes, consiguiendo sobrevivir en condiciones extremas, tal y como sucedió en el accidente aéreo de los Andes de 1972, donde sólo sobrevivieron dieciséis pasajeros en mitad de los picos nevados, o más recientemente en la mina de San José (Chile) donde treinta y tres mineros consiguieron sobrevivir a una situación tan extrema como fue la de ser enterrado vivo.

Quizás de los dos instintos primarios, el de supervivencia del individuo sea el menos discutido y discutible, en el que se "activan" todos los resortes precisos para salir de la situación que pone en grave riesgo la supervivencia de la persona, haciendo lo que sea preciso, sin atender a los convencionalismos ni a las reglas sociales.

Con respecto al instinto de conservación de la especie, en algunos casos, sobre todo cuando se trata de familiares o amigos, se antepone al de supervivencia, poniendo en riesgo la propia vida para salvar la de otro de su género.

Éste segundo instinto ha sido asociado al de la maternidad o paternidad, por el cual una persona se convierte en cuidador de un menor, independientemente de que sea de su propia sangre (por ejemplo, en el caso de los niños adoptados) ofreciéndole todo el cariño y cobijo que necesite el pequeño hasta que éste sea autosuficiente.

Comportamiento imprescindible para el menor, pues el ser humano es especialmente dependiente del cuidado y atención de los adultos para su supervivencia, aspecto que es correspondido por estos, mostrándose en una predisposición a tratar a los pequeños de forma especial, hablándoles más despacio, gesticulando mucho, con más delicadeza y cuidado. Incluso esto se ha observado entre hermanos que no se llevan mucho tiempo, en que el trato con los demás y con el bebé es completamente diferente, lo que apoyaría la idea de un cuidado "preestablecido" hacia los menores.

Algo que otros mamíferos también manifiestan asociado a la producción de oxitocina, conocida como la "hormona del amor", la cual se ha comprobado cómo cambia el comportamiento tanto de la hembra como del macho, convirtiéndolos en "buenos padres", influyendo también en la formación del apego en la pareja y en la conducta de fidelidad, que hasta hace poco no se había observado en humanos.

En la mujer se produce de forma natural durante el parto y la lactancia, lo que facilita ambas funciones como madre; en el hombre, se produce una escasa cantidad de oxitocina durante la relación sexual.

Según una investigación llevada a cabo desde la Universidad de Stanford (EE.UU.) cuyos resultados han sido publicados en la revista científica Nature, se ha constatado en animales los efectos de la oxitocina en donde, además de crearse lazos entre madres e hijos y apego en la pareja sexual, se beneficia la relación que se establece entre iguales, fortaleciendo la conducta de amistad, lo que se denomina afinidad grupal.

En otra investigación llevada a cabo por la Universidad de Concordia (Canadá) cuyos resultados han sido publicados en la revista científica Psychophamarcology, se analizó la conducta de cien hombres y mujeres entre 18 a 35 años, a la mitad de los cuales se les administró oxitocina a través de un aerosol, frente a un grupo control que recibió un placebo.
El estudio concluye que se produce un efecto de facilitación del comportamiento social, observando cómo entre los participantes que lo tomaban se exhibían conductas de desinhibición y autoconfianza, facilitando con ello las interrelaciones sociales, por lo que se puede concluir que tiene un efecto inhibidor de la timidez.
Éste sería un primer paso, facilitando el establecer nuevas relaciones para encontrar pareja con la que, con posterioridad y gracias a la misma oxitocina, la uniría mientras durase la etapa natural de la crianza de hijos.

*MORAL
Si hasta hace unos años, la idea de moral, se consideraba universal y compartida por todos, en los últimos tiempos han surgido algunas voces que señalan que puede que exista una moral masculina y otra femenina, las cuales se rijen por parámetros totalmente diferentes.
Esto se ha observado al exponer a hombres y mujeres ante múltiples dilemas morales, observando su elección y atendiendo a las razones que dan en cada caso.
Un dilema moral típico en el ámbito de la investigación, es preguntar a la persona qué haría si tuviese un familiar gravemente enfermo a punto de morir, y el único medicamento que puede salvarle lo tiene un boticario que pide una cantidad de dinero excesivamente grande que no se dispone.
Este mismo dilema se ha planteado a los niños desde pequeño, y posteriormente a distintas edades, para observar cómo a medida que crecemos en conocimiento y experiencias vamos siendo más "flexibles" y "comprendiendo" comportamientos como el hurto.

Se ha observado que el hombre atendería más a las normas sociales, tratando de responder a los dilemas a los que se enfrenta en función de si cumple o no con lo establecido; mientras que para la mujer, las normas no parecen ser un criterio válido a la hora de tomar decisiones procedentes de dilemas morales, ya que se basan más en criterios de cuidado del otro, pero ¿Existe una moral diferente en función del género?

Esto es lo que ha tratado de responderse con una investigación realizada desde la Universidad del Sudeste (China) cuyos resultados han sido publicados en la revista científica Journal of Behavioral and Brain Science. En la misma participaron diecisiete adultos, con edades comprendidas entre los 19 a 24 años, de los cuales ocho eran mujeres.

Todos debían de resolver una tarea moral, mientras se les registraba su actividad cerebral empleando la técnica de la resonancia magnética funcional.

La tarea consistía en ver distintas imágenes, unas neutras frente a otras de contenido sexual "inapropiado", para observar cómo reaccionaba el cerebro en cada caso.

Se encontraron diferencias hombre-mujer en la corteza prefrontal media y la amígdala, con una mayor activación en las mujeres en estas áreas ante las imágenes inadecuadas.

Los resultados a pesar de ser claros en cuanto a la diferencia de procesamiento neuronal entre hombres y mujeres a los estímulos moralmente inadecuados, no aclara si estas diferencias se circunscriben al ámbito sexual o abarcan otros ámbitos también.

Igualmente queda poco sustentado que el componente sexual de una escena, sea suficiente para establecer que existen morales diferentes, ya que la propia vivencia sexual del hombre y la mujer son distintas.

A pesar de las deficiencias del estudio, este aporta evidencias sobre un aspecto controvertido y del cual se ha llevado a cabo poca investigación, dejando la puerta abierta a nueva experimentación para poder concluir si las mujeres utilizan o no criterios diferentes a los hombres en cuanto a juicio moral se refiere.

Pero la moral no es algo teórico, aplicado únicamente a la resolución de dilemas, sino que tiene gran trascendencia en aquello que se hace incluso en el ámbito laboral donde uno de los problemas más importantes a los que se tienen que enfrentar las empresas y la sociedad en general es la corrupción, y más aún cuando alguien usando su estatus abusa de otra persona, ya sea verbal o físicamente.

Algo que para todos es intolerable, pero cuando estas conductas se dan dentro del ámbito laboral, las reglas parecen cambiar, y aquello que antes uno no se podía callar y rápidamente se denunciaba, cuando sucede en el trabajo se es capaz de transigir y hasta de justificar.

Sobre todo, cuando ese abuso proviene de una persona de mayor autoridad, por ejemplo, de un jefe, o responsable de área, siendo además más "tolerante" cuando es otro quien lo sufre.

Comportamientos ya sean puntuales o de acoso laboral o Mobbing, que tiene consecuencias en quien lo sufre, tanto en su autoestima, como en sus relaciones sociales e incluso puede ser fuente de trastornos como la depresión mayor o de enfermedades psicosomáticas.

Y todo ello con la "complicidad" de los compañeros de trabajo, que lejos de defender a la víctima, llegan incluso a "justificar" aquel comportamiento vejatorio.

La "lógica" de esta justificación, radica en la idea de que "mientras sea otro quien lo reciba...", ya que si denuncia probablemente pueda poner en riesgo la estabilidad de su propio puesto de trabajo, pero ¿Reaccionan de la misma forma los hombres y las mujeres ante un abuso por parte de la autoridad?

Esto es lo que se ha tratado de responder con una investigación realizada conjuntamente por la Universidad Adekunle Ajasin y la Universidad de Ibadan (Nigeria) cuyos resultados han sido publicados en la revista científica Europe's Journal of Psychology.

En el estudio participaron setecientos tres adultos empleados de un organismo público, de los cuales cuatrocientos sesenta eran mujeres.

A todos los participantes se les dio un cuestionario a responder de forma anónima, con indicación explícita de que sus respuestas no tendrían ninguna repercusión en su puesto de trabajo.

En el cuestionario además de recogerse los datos sociodemográficos, la categoría, la estabilidad laboral, y el nivel educativo del participante, se analizó la percepción de injusticia de la organización, la reactividad laboral, la tendencia a la corrupción, a la venganza violenta, a la venganza contra la organización y a la venganza hacia sus miembros.

Los resultados informan de una mayor tendencia de los hombres a vengarse de la organización y no tanto de sus miembros. En la misma línea los hombres mostraron más tendencia a la violencia que las mujeres, algo que ya se había observado en otras investigaciones anteriores. En cambio, los hombres son los más tolerantes ante las conductas de violencia que se observan dentro del puesto de trabajo, viéndolo como "normal y aceptable".

Los autores tratan de dar explicación a estas diferencias de género debido al modelo de socialización recibido, donde al hombre se le permiten mayores exhibiciones de violencia que a las mujeres.

Un resultado sorprendente fue el encontrar que las mujeres tienden a exhibir los mismos comportamientos de corrupción que los hombres, no encontrándose diferencias significativas entre ambos, algo que va en contra de lo hallado en estudios anteriores y que los investigadores tratan de "justificar" debido a la presión económica a la que están sometidos las trabajadoras.

Viéndose incrementado especialmente en mujeres las conductas de venganza contra la organización y contra sus miembros, de violencia directa y de corrupción, cuando aumentaba el sentimiento de haber sufrido un trato injusto dentro de la organización.

Por tanto existen rasgos diferenciales hombre-mujer tanto en la vivencia de la moral, como a la hora de responder cuando se producen injusticias sociales.

* AUTOEFICACIA

Saber lo que queremos y tener la confianza suficiente para lograrlo es el mejor predictor del éxito en las tareas que nos propongamos a corto y largo plazo.

Esta confianza en uno mismo es lo que Bandura denominó autoeficacia, y es fundamental para afrontar cualquier dificultad, ya que, con una autoeficacia pobre, la persona rápidamente se frustrará por no haber conseguido sus metas y abandonará la tarea, en cambio si uno cree que puede lograrlo, es decir tiene una autoeficacia alta, los fracasos iniciales los verá como una forma de aprender a superar la dificultad, un camino necesario de aprendizaje hacia el éxito.

Pero esto que parece tan obvio es, lo que según Bandura y otros autores que han desarrollado sus teorías, lo que determina el futuro personal y profesional de cada uno.

Una visión dicotómica entre perdedores y ganadores, que se va a ver reflejado en cada una de las facetas de la persona, así el "perdedor" va a ser definido por una escasa autoeficacia, lo que va a hacer que en el trabajo, en su vida personal, en sus amistades mantenga una posición derrotista y hasta "cobarde", con baja tolerancia a la frustración y evitación de asumir el riesgo.

En cambio, el "ganador" lo va a ser e todas las facetas, y le va a ir bien en todo, porque sabe que los fracasos son parte del aprendizaje, pero no por ello se rinde, si no que sigue esforzándose confiando en sus posibilidades hasta conseguir el éxito.

Y es el éxito precisamente lo que se busca en el deporte, sobre todo cuando este es de elite, por lo que este concepto psicológico juega un papel fundamental de mentalización, ya que si el deportista se siente superado por la situación y cree que no lo va a conseguir, lo más normal es que no se esfuerce lo suficiente y acabe fracasando.

De ahí que el psicólogo deportivo tenga que evaluar las creencias, pensamientos y sentimientos del deportista para conocer en qué punto se encuentra, cuáles son sus fortalezas y debilidades y a partir de ahí poder establecer un plan de trabajo para mejorar su autoeficacia, pero, ¿Se puede incrementar el rendimiento deportivo de los estudiantes universitarios aumentando la autoeficacia de los mismos?

Esto es lo que se ha tratado de responder con una investigación realizada desde la Universidad de Louisville (EE.UU.) cuyos resultados han sido publicados en la revista científica Journal of Issues in Intercollegiate Athletics.

En el estudio participaron setenta y ocho atletas universitarios con edades comprendidas entre los diecisiete a veintidós años, de los cuales cuarenta y tres eran mujeres.

A todos los participantes se les administró un cuestionario de evaluación de su autoeficacia a través de dos escalas estandarizadas, la T.S.C.I. (Trait Sport Confidence Inventory) y el S.S.C.I. (State Sport Confidence Inventory).

Igualmente se recogieron los resultados deportivos de los participantes en distintas pruebas para analizarlos en conjunto con los anteriores.

Los resultados mostraron una estrecha relación entre ambos conceptos, la autoeficacia y el rendimiento deportivo, observando cómo los que tenían un mejor rendimiento deportivo también mostraban mayores niveles de autoeficacia.

Los autores muestran su extrañeza al no haber encontrado diferencias en cuanto al género en la relación entre la autoeficacia y el rendimiento deportivo, sobre lo que hay bibliografía al respecto donde se muestra claras diferencias.

* ESTUDIOS

Muchos son los factores que se tienen en cuenta a la hora de tomar la decisión de elegir la carrera universitaria. Los amigos, las salidas profesionales e incluso la familia son factores determinantes para elegir lo que estudiar, algo que va a marcar el desarrollo profesional de la persona.

Con apenas 18 años se ha de tomar una decisión transcendental que va a determinar su futuro, ya que según estudie una carrera u otra va tener acceso a un tipo de trabajo u otro.

Es entonces donde entran en juego las "presiones" o modas, para tomar esta decisión tan importante. En ocasiones, se tiende a elegir la misma que los amigos, en otras se escoge la carrera con más empleabilidad o con la que se gana más dinero cuando se haya finalizado, también existen parámetros como seguir la "tradición familiar", o incluso puede verse determinado por las posibilidades económicas al escoger una universidad más próxima a casa para no tener gastos extras. Igualmente el aspecto económico, si no se tiene beca, va a influir en el tipo de institución a la que se va, pública o privada, pero ¿Determina la personalidad la carrera que se estudia?

Esto es lo que se ha tratado de responder con una investigación realizada desde la Facultad de Ciencias del Deporte, Universidad Usak (Turquía) cuyos resultados han sido publicados en la revista científica International Journal of Social Sciences & Education.

En el estudio participaron quinientos noventa y cuatro universitarios con edades comprendidas entre los 17 a 29 años, de los cuales doscientos sesenta y uno eran mujeres.

Seis eran las facultades que se podían escoger, Facultad de Ciencias del Deporte, Facultad de Teología, Facultad de Educación, Facultad de Artes y Ciencias, Facultad de Ingeniería y Escuelas Vocacionales.

Para evaluar la personalidad se empleó el cuestionario estandarizado denominado E.P.Q. (Eysenck Personality Questionnaire) que evalúa tres factores de la personalidad, el psicoticismo, la extraversión y el neuroticismo; igualmente se empleó el L.R.S. (Rosenbaum Learned Resourcefulness Scale) para evaluar las habilidades de autocontrol, necesarias para la consecución de objetivos.

Los resultados informan de diferencias significativas en los niveles de psicoticismo en función del género, siendo mayor en chicos.

En cuanto a la selección de la carrera universitaria se encontraron diferencias significativas en función del nivel de extraversión del estudiante.

Así los estudiantes con niveles más elevados de extraversión elegían carreras impartidas en la Facultad de Deporte y en las Escuelas Vocacionales, mientras que los que tenían bajos niveles de extroversión, o lo que es lo mismo altos niveles de introversión preferían estudiar carreras impartidas en la Facultad de Teología, Facultad de Ingeniería y Facultad de Artes y Ciencia.

Hay que tener en cuenta que en Turquía la enseñanza es gratuita incluso en los niveles universitarios, por lo que el aspecto económico a la hora de determinar la carrera a estudiar no va a suponer un factor determinante.

A pesar de lo anterior, parece que las diferencias de género encontradas en cuanto al psicoticismo no están relacionadas con la elección de carrera por parte de los estudiantes; existiendo una constatación estadística consistente en el tiempo, sobre una mayor elección de las mujeres de determinadas carreras frente a otras, entonces ¿Cómo se explica las diferencias en la selección de carrera en función del género?

Esto es precisamente lo que se ha tratado de contestar con la realización de una investigación por parte del Instituto de Psicología Aplicada de la Universidad de Zhengzhou (China) cuyos resultados han sido publicados en la revista científica Psychology.

En el estudio participaron cincuenta universitarios, de los cuales treinta y dos eran chicas, a los que se les pasó por un test de asociación implícita (siglas en inglés I.A.T.).

La tarea consistía en elegir entre dos estímulos visuales, aquel que considerasen más positivo, todo ello en el menor tiempo posible, para lo cual emplearon dieciocho palabras, la mitad de ellas relacionadas con un comportamiento altruista y la otra mitad no.

Los resultados informan que los estudiantes que tienen una tendencia hacia las áreas de ciencias muestran menos interés por las actividades altruistas, frente a los que prefieren las áreas de artes que muestran mayor interés por dichas actividades.

El estudio además informa de que no se encontraron diferencias en cuanto al género con respecto a la tendencia hacia el comportamiento altruista.

El resultado era esperable, así las personas más interesadas en el bien común estudian carreras asociadas con la salud y las humanidades, mientras que las menos preocupadas estudian carreras más técnicas, donde se trabaja con planos, instrumentos y herramientas más que con el trato diario de las personas.
A pesar de ello, esta investigación tampoco ha conseguido explicar las diferencias hombre-mujer a la hora de escoger carrera universitaria.

* DESEMPLEO

Las mujeres han tenido más dificultad de acceder al mercado laboral sobre todo en determinados sectores considerados tradicionalmente "de hombres", algo que actualmente ya no se concibe así, gracias al avance en las políticas de igualdad, a pesar de ello, todavía es "raro" ver mujeres desempeñando determinados puestos.
Otra problemática con respecto al mundo laboral es lo que se conoce como "techo de cristal", por el cual la presencia femenina en puestos directivos es en muchos casos inexistente, debido a que no se las deja acceder a la promoción interna de las compañías, siendo sus propios compañeros quienes las vetan para el desempeño de responsabilidad.

<<Aunque el mundo ha cambiado mucho y las mujeres hemos avanzado enormemente en materia de liderazgo, aun los estigmas culturales nos persiguen. La mayor cantidad de cargos ejecutivos están en los hombres, no en las mujeres. En parte porque nos hemos creído la historia de que no podemos hacerlo o que para convertirnos en CEO debemos perder nuestra feminidad para que nos tomen en serio. Hemos evolucionado en este punto, pero creo que el foco no está en convencer a los hombres de que crean en nosotras, sino en convencernos a nosotras mismas y generar un punto de quiebre desde nuestro propio género.>>
Dª. Liliana Escalante, Directrora de Inspira Red de Líderes

Pero si son evidentes las diferencias laborales, que se puede incluso llegar a reflejar en una retribución desigual, qué sucede cuando se habla de la condición contraria, es decir, cuando no se tiene trabajo, ¿Afecta por igual el desempleo a hombres y mujeres?

Esto es lo que ha tratado de responderse con una investigación realizada desde el Instituto de Psicología, Universidad Cardenal Stefan Wyszyński en Warsaw (Polonia) cuyos resultados acaban de ser publicados en la revista científica Polish Psychological Bulletin.

En el estudio participaron ciento sesenta desempleados de larga duración, con más de dos años buscando trabajo con edades comprendidas entre los 35 a 45 años, de los cuales ochenta y cinco eran mujeres.

Todos ellos pasaron por dos cuestionarios estandarizados, el G.H.Q.-28 (Goldberg's General Health Questionnaire) para evaluar el nivel de salud general que incluye cuatro escalas, una referida a la presencia de problemática psicosomática, de ansiedad, de funcionamiento y de depresión; y la segunda el DINEMO (Two-Dimensional Emotional Intelligence Inventory) para evaluar el nivel de Inteligencia Emocional, igualmente se registraron datos sociodemográficos, así como el tiempo que estaba sin trabajar, trabajos previos, situación económica y familiar entre otros.

Los resultados muestran diferencias significativas en el nivel de salud mental entre los desempleados en función del género, siendo más afectadas las mujeres.

Así mismo se encontró que aquellas personas que tenían mayores niveles de inteligencia emocional gozaban de una mayor estabilidad, mental aún en una situación tan desfavorecida como es el desempleo de larga duración; siendo especialmente relevante la relación en mujeres entre una baja inteligencia emocional con la presencia de síntomas depresivos.

Entre las limitaciones del estudio se encuentra el escaso número de participantes, así como el uso de cuestionarios para la valoración de la salud, sin incluir otros índices como el número de visitas al médico o el consumo de fármacos si los hubiere.

Hay que destacar que estos resultados van contra lo esperado por los autores del estudio, los cuales predecían que el desempleo afectaría más negativamente a los hombres frente a las mujeres, basado en el estatus social del hombre, y cómo éste se vería comprometido por una situación de desempleo de larga duración.

CAPÍTULO 6.
DIFERENCIAS EN
PSICOPATOLOGÍA

Las diferencias hombre-mujer no se basan exclusivamente en el físico externo, sino que además incluyen los niveles hormonales, emocionales y hasta neurológicos, es decir, somos diferentes por fuera y por dentro, pero qué pasa con la salud mental, ¿Existen diferencias en función del género?

La respuesta es afirmativa, encontrándose una mayor incidencia de casos en hombres de problemas de dependencia al alcohol y a las drogas, abuso de sustancias y problemas antisociales; mientras que en las mujeres es más frecuente que sufran problemas de depresión, ansiedad y desórdenes de alimentación como anorexia nerviosa.

Auque otras patologías parecen no estar influenciadas o mediadas por factores relacionados con el género como es la esquizofrenia, la cual se presenta por igual en hombres que en mujeres, pero con matices, así el primer episodio suele aparecer a edades más tempranas en los hombres, además es muy diferente la forma de presentarse los cuadros psicóticos y el perfil de los pacientes.

Pero esto no indica que exista un determinismo genético, ya que tal y como se ha comentado, intervienen multitud de factores que afectan, así personas con gran predisposición (carga genética) puede que nunca muestren la enfermedad y al revés, personas sin esa carga genética pueden mostrar la enfermedad ante determinadas condiciones ambientales.

<<Es innegable que existen diferencias morfológicas en los cerebros femeninos y masculinos, debido a la acción de las hormonas. Es por tanto plausible que en determinadas enfermedades mentales, se puedan encontrar diferencias de género.>>
Dª. Verónica Romero, investigadora de la Universidad Complutense

* TRASTORNO DE DEPRESIÓN MAYOR
Aclarar que lo que normalmente se llama depresión no siempre se corresponde con lo que clínicamente se denomina trastorno de depresión mayor, ya que hay todo un abanico de trastornos del estado de ánimo que tienen síntomas similares con decaimiento y apatía, entre ellos la depresión mayor, la ciclotimia,...
En el caso del trastorno del estado de ánimo por depresión mayor, en contra de lo que se puede pensar a priori, no existen diferencias de género en cuanto la edad de inicio, tiempo requerido para la recuperación o las posibles recaídas.
La creciente extensión de la longevidad de la población gracias al avance de las medicinas y a la mayor calidad de vida que se disfruta en muchos países, sobre todo en los occidentales, ha hecho que la sociedad tenga que afrontar un nuevo reto y es la de tener una población cada vez más envejecida.

Esto hace que hayan surgido iniciativas que buscan ofrecer una mayor calidad de vida adaptando las viviendas, facilitando la monitorización 24 horas mediante la teleasistencia, o con el servicio de visitadores médicos a domicilio.

Hay que tener en cuenta que, a mayor edad, se produce un mayor desgaste de los huesos y articulaciones, y lo mismo le pasa a los órganos y arterias, por lo que es más probable que aparezcan achaques, y con el tiempo problemas de funcionamiento e incluso lesiones, y todo ello simplemente por la acumulación de años.

Algo parecido cabría esperar en el ámbito de la salud mental, donde hay enfermedades asociadas a la edad, que raramente se observan en la juventud, como es el caso de la enfermedad de Alzheimer, pero en cambio otras, no parecen cumplir esta relación pudiendo aparecer en cualquier momento de la vida, como en el caso de los trastornos emocionales pero ¿Qué problemas mentales son más frecuentes en los ancianos?

Esto es lo que se trata de averiguar con una investigación realizada conjuntamente desde la Universidad Tecnológica Internacional (EE.UU.) y el Instituto de Estadística de la India (India) cuyos resultados han sido publicados en la revista científica Journal of Psychology and Clinical Psychiatry.

En el estudio se recogieron datos entre 2009 y 2010 de trescientos ochenta y un mayores de 65 años, de los cuales ciento ochenta y cinco eran mujeres .

Los participantes estaban repartidos en dos núcleos poblacionales diferentes de la India, uno urbano (ciento setenta y seis ancianos) y otro rural (doscientos cinco ancianos).

De todos ellos se extrajo información demográfica, edad, sexo, nivel de estudios, número de miembros en la familia, número de hijos...

Para el análisis se dividieron a los participantes en dos grupos en base a su edad, el grupo de los más jóvenes entre 65 a 71 años, y el de los más mayores entre los 72 a 79 años.

Todos tuvieron que responder a dos cuestionarios estandarizados relacionados con la salud emocional de los ancianos, en concreto para evaluar la presencia de sintomatología depresiva se usó el G.D.S. (Geriatric Deppresion Scale) y para la sintomatología ansiosa se empleó la escala estandarizada H.A.M.-A. (Halmilton Anxiety).

Los resultados obtenidos se compararon con las tablas poblacionales estandarizadas, mostrando niveles más elevados de problemas mentales asociados a la ansiedad y la depresión en la población rural frente a la urbana, independientemente del género; siendo significativamente más elevados los niveles de ansiedad entre los más jóvenes del medio rural.

Por tanto, en el caso de los trastornos de ansiedad y depresión, por lo menos en personas de edad avanzada, no parecen verse afectadas por las diferencias de género.

A pesar de lo anterior, existen estudios que señalan diferencias de género en cuanto al padecimiento de esta problemática de salud mental, ya que se diagnostica más en mujeres frente a hombres, algo que se ha tratado de explicar por la mayor sensibilidad de las mismas a los aspectos emocionales frente a los hombres pero ¿Existen diferencias de género en la depresión en función del lugar donde se viva?

Esto es lo que ha tratado de averiguarse con una investigación realizada desde el Departamento de Psicología, Universidad de Ryerson junto con el Departamento de Psicología, Universidad de Regina (Canadá) cuyos resultados se han publicado en la revista científica PeerJ.

En el estudio participaron ciento treinta y un adultos, 58 egipcios y 73 canadiénses, la mitad de los cuales estaban diagnosticados con Trastorno de Depresión Mayor, perteneciente los restantes al grupo control.

Todos ellos pasaron por una entrevista clínica, también respondieron a un cuestionario estandarizado para detectar sintomatología depresiva denominado B.D.I.-II (Beck Depression Inventory-II) además de recogerse datos sociodemográficos de los mismos.

Los resultados muestran una mayor sintomatología depresiva entre las mujeres con depresión frente a los hombres con depresión; aunque existen diferencias en función de donde se viva, así los egipcios muestran significativamente más sintomatología depresiva que los canadienses, algo que sólo puede ser explicado por la cultura mediterránea, donde la expresión de las emociones ya sean positivas o no, es socialmente aceptada.

Un análisis en función del género, mostró que las diferencias anteriores son significativamente mayores entre los hombres, esto es, los hombres egipcios tenían significativamente mayor sintomatología depresiva que los hombres canadienses; en comparación con la sintomatología expresada por las mujeres egipcias y canadienses en donde no se encontraron diferencias.

El problema de atribuir los resultados anteriores a la cultura, es precisamente el propio concepto de cultura, ya que existen muchas diferencias al comparar entre una población norte-americana frente a otra mediterránea; entre un país del "primer mundo" frente a uno en vías de desarrollo; entre un país ateo frente a uno de confesión islámica; entre un país que promulga el individualismo frente a uno que cultiva los valores familiares;... cualquiera de estos o una combinación de varios podría estar en la base de estas diferencias, aspecto que no ha sido analizado en este estudio.

Pero la depresión, no consiste únicamente en un problema de salud mental, que lleva asociado una serie de conductas de aislamiento y retraimiento, sino que además conlleva un mayor número de casos de morbilidad y mortalidad.

La morbilidad consiste en que la persona en depresión suele padecer otras enfermedades, con más frecuencia que las personas sin depresión.

Mientras que las mayores tasas de mortalidad entre las personas que sufren depresión se produce tanto por los intentos de suicidio, por una mayor propensión a sufrir accidentes, o por padecer otras enfermedades, pero ¿Existen diferencias en cuanto al género en la morbilidad y la mortalidad asociadas a la depresión?

Esto es lo que se ha tratado de responder con una investigación realizada conjuntamente por el Hospital General; la Escuela de Medicina de Kashibai Navale, el Instituto de Salud Mental de Maharashtra y el Hospital King Edward Memorial (India) cuyos resultados han sido publicados en la revista científica Depression Research and Treatment.

En el estudio participaron ciento siete adultos, usuarios del Hospital King Edward Memorial, diagnósticados con trastorno de depresión mayor, de los cuales sesenta y seis eran mujeres.

Todos los participantes completaron una serie de cuestionarios como fue una escala de depresión estandarizada para confirmar el diagnóstico, un cuestionario sobre la ideación de suicidio, sobre niveles de estrés en su vida y su origen, niveles de funcionalidad tanto general, como social y ocupacional.

Los resultados informan de que, a pesar de padecer la misma enfermedad, existen diferencias significativas en cuanto al estrés que ésta genera en su vida, así como en los distintos niveles de funcionamiento de la persona y todo ello parece estar relacionado con los niveles de suicidio.

La mujer sufre más estrés proveniente de su círculo social, especialmente desde el ámbito familiar; mientras que los hombres refieren a los problemas económicos como principal fuente de estrés asociado a la depresión.

Con respecto al funcionamiento general tiene una similar incidencia en ambos géneros por igual, afectando en mayor grado a los hombres en el caso del funcionamiento social y ocupacional.

Para finalizar, en el grupo de las mujeres con depresión fue donde existieron mayores niveles de suicidio, frente a los hombres con depresión.

* TRASTORNO DE DEPRESIÓN POST-PARTO

Pocos son los trastornos psiquiátricos que se dan en uno de los dos sexos, entre ellos siempre se ha considerado que el ejemplo más evidente es la depresión post-parto, lógicamente en mujeres, ya que son éstas las que conciben y dan a luz.

De hecho la depresión post-parto ha tardado en ser reconocida como con entidad suficientemente separada, ya que tradicionalmente se había considerado como un reactivo al hecho de tener un hijo, y con ello adoptar el nuevo rol de madre, asumiendo nuevas tareas como la de cuidar a la criatura.

Actualmente se considera que es un problema importante de salud, que puede llegar a afectar hasta a dos de cada diez mujeres parturientas, cuya reacción más grave, además de los propios de la depresión es el del rechazo del pequeño, evitando cualquier contacto con éste.

Algo que hasta no hace tanto suponía un gran problema para la supervivencia del menor, el cual si no se hacía cargo otra madre, corría el riesgo de morir de inanición.

Actualmente gracias y a los avances técnicos, se puede suplir la leche materna con otra para que el pequeño salga adelante, además se está extendiendo cada vez más el banco de leche, tal y como sucede con el banco de sangre, donde las madres lactantes pueden dejar sus "excedentes" de leche para otros menores que lo requieran.

A pesar de lo anterior, algunos estudios empiezan a señalar que la depresión post-parto no es algo genéticamente determinado, ni exclusivo de mujeres, pero ¿Es realmente así?

Esto es lo que ha tratado de averiguarse con una investigación realizada conjuntamente por la Universidad de Hong Kong (China) y la Universidad Nacional de Singapur (Singapur) cuyos resultados han sido publicados en la revista científica Depression Research and Treatment.

Para ello se analizaron a seiscientos veintidós futuros padres los cuales tuvieron que responder a un cuestionario en tres momentos distintos, en la semana 12 de gestación, en la semana 36, y 6 semanas después de haber dado a luz su mujer.

Dicho cuestionario contenía varias evaluaciones como era el nivel de depresión parental, factores de riesgo sociodemográficos y de educación, que fuese un embarazo deseado o no, contar o no con apoyo social durante todo el proceso, el nivel de autoestima, y el nivel de conciliación laboral.

Los resultados más importantes encontrados en éste amplio estudio señalan, sin lugar a dudas, que existe depresión entre los hombres, algo que ya había sido indicado en algún estudio anterior, aunque éste es en un porcentaje muy inferior al de las mujeres, así se produce en cinco de cada cien casos en hombres, frente a los veinte de cada cien en mujeres.

No encontrándose relaciones significativas entre ninguno de los factores sociodemográficos y de educación evaluados con el porcentaje de padres afectados por la depresión post-parto.

Sí resultó significativa la relación entre el mayor número de casos afectados con bajos niveles de autoestima, un embarazo no planificado, insatisfacción conyugal, la falta de apoyo social y una escasa conciliación laboral; siendo de todos ellos la baja autoestima y la escasa conciliación laboral los mayores predictores del número de casos de depresión post-parto a los 6 meses.

* ESTRÉS OXIDATIVO

El estrés es un elemento psicológico, donde la persona siente una demanda continua y por encima de sus capacidades, lo que tiene una repercusión directa en el organismo a través de la hormona del estrés denominada cortisol, producida por la glándula suprarrenal y que si se mantiene mucho tiempo en el organismo va a facilitar la aparición de problemas físicos, entre los que se encontrarían algunas enfermedades psicosomáticas, como en el caso de las úlceras.

Pero el concepto de estrés no se circunscribe únicamente al ámbito psicológico, ya que desde hace unos años se ha empezado a utilizar el término de estrés oxidativo, el cual hace referencia a un desequilibrio celular en el procesamiento del oxígeno, que provoca un envejecimiento prematuro de las células.

El estrés oxidativo está asociado con una mayor presencia de diabetes, cáncer, enfermedades cardiovasculares e incluso Párkinson, además está en la base de determinados trastornos psicológicos como los afectivos, de ansiedad o alimentación, e incluso con la esquizofrenia; igualmente se ha observado mayores niveles de dependencia a sustancias especialmente a alcohol u opioides.

El origen del estrés oxidativo es diverso, y a veces difícil de concretar, se habla del nivel de vida, el sedentarismo, el nivel de ansiedad de las personas, pero también de agentes externos como la radiactividad, o el sol.

Desde hace tiempo que se conoce la relación entre el puesto de trabajo y las enfermedades, de hecho, las que son provocadas por éste se denominan enfermedades profesionales, y a ella están expuestos todas las personas que trabajan en ese sector independientemente del país en donde se encuentre.

Especialmente sensible es el personal sanitario que trabaja con pacientes, pero entre ellos el grupo más sobre expuesto a modificaciones en el A.D.N. es el personal de radiología, entonces ¿Es este personal el más expuesto al estrés oxidativo?

Esto es precisamente lo que se ha tratado de responder con una investigación realizada conjuntamente desde la Universidad Payame Noor y la Universidad de Ciencias Médicas de Teherán (Irán) cuyos resultados han sido publicados en la revista científica Health.

En el estudio participaron cuarenta y siete personas, todos del personal de radiología de un hospital, de los cuales veintiocho eran mujeres.

Ninguno debía de tener experiencia con alcohol u otras drogas, ni sufrir enfermedades como el cáncer, diabetes, trastornos respiratorios, del corazón o de la tiroides, y tampoco debían haber trabajado en el departamento de radiología durante los 12 meses previos al estudio, para comprobarlo se les realizó un análisis de estrés de oxidación, medida que sería utilizada como línea base con la que realizar la comparación.

Después de dos años de trabajo del personal se les volvió a registrar tanto el estrés de oxidación, como con respecto a la salud física y mental para comprobar los efectos de la exposición laboral a los rayos x en un ambiente controlado como es el clínico.

Los resultados informan de que, a mayores niveles de estrés oxidativo, mayor afectación en la memoria verbal, en la atención selectiva, en la iniciativa de la persona y la velocidad psicomotora.

Igualmente, se observaron diferencias hombre-mujer a la hora de presentar trastornos de somatización, de depresión mayor y de ansiedad, siendo en los tres casos más elevados en mujeres que en hombres.

Estas diferencias de género pueden ser explicables por la mayor implicación del cerebro emocional en el comportamiento de las mujeres ya expuesto por investigaciones anteriores.

*ALCOHOLISMO

Hablar de género, es hacerlo de diferencias genéticas, biológicas, y hormonales. Cuando se refiere al comportamiento, las diferencias parecen ser menos claras, no porque no las haya, sino porque estas se sobreentienden que son efecto del medio donde se desarrolla la persona, de ahí que los hombres puedan mostrar determinadas conductas en un ambiente, pero no en otros, y lo mismo en las mujeres.

Es por ello que en lo que respecta a la conducta existe siempre cierta discusión sobre la interpretación más adecuada de los datos, sobre todo si estos no se sustentan en una base genética o biológica. Y todavía resulta el tema más polémico cuando se trata de adicciones, debido a que la idea general es que cualquiera puede ser adicto y únicamente debe "controlarse" para no caer en la adicción, cuando en realidad los resultados científicos informan sobre determinadas tendencias tanto genéticas, biológicas como medioambientales que inciden en que unas personas tengan más posibilidades de ser adictos que otras, pero ¿Existen diferencias de género en el Alcoholismo?

Esto es lo que se ha tratado de responder con una investigación realizada por el Departamento de Psiquiatría, Facultad de Medicina de la Universidad de Yale junto con el Departamento de Psicología, Universidad Estatal de Nueva York en Oswego (EE.UU.) cuyos resultados han sido publicados en el mes de marzo del 2017 en la revista científica NeuroImage: Clinical.

En el estudio participaron ciento cincuenta y ocho adultos con edades comprendidas entre los 19 a 31 años de los cuales ochenta y seis eran mujeres.

Del mismo se excluyeron aquellas personas que sufrían alguna psicopatología o problema neurológico, y los que consumían sustancias ilegales.

Para comprobar su nivel de dependencia se empleó el (A.U.D.I.T.) Alcohol Use Disorder Identification Test; para evaluar las diferencias de género los autores se centraron en dos aspectos, la expectativa de alcohol a través del (A.E.Q.) Alcohol Expectancy Questionnaire y la impulsividad hacia el alcohol, evaluado mediante el (B.I.S.) Barratt Impulsivity Scale.

Sobre la expectativa hacia el alcohol, indicar que una consideración positiva y permisiva al mismo facilita la repetición del comportamiento de consumo de nuevo alcohol; tal es así que se ha comprobado que la intervención terapéutica encaminada a cambiar el valor emocional asociado al alcohol, haciendo que este no sea deseable y placentero lleva consigo una reducción de su consumo.

Con respecto a la impulsividad, esta quizás ha sido de las variables predictoras de la adicción al alcohol más estudiadas, observándose que cuanto mayor nivel de impulsividad se tenga más posibilidades de adicción entre los adolescentes; y, al contrario, si existen antecedentes familiares de alcoholismo o abuso de sustancia, esto llevará a un inicio temprano del consumo y a una mayor impulsividad por obtenerlo.

La combinación de ambos, la expectativa del alcohol y la impulsividad hacia el mismo se ha observado cómo fortalecen el consumo permitiendo su adicción, además de aumentar las conductas sexuales de riesgo debido a la desinhibición que provoca.

Igualmente intervienen otros factores que facilitan esta adicción como son problemas de ansiedad o del estado de ánimo.

A todos los participantes se les realizó registro mediante resonancia magnética para analizar el volumen de las estructuras cerebrales para comprobar si existían diferencias entre género en función de las variables anteriores.

Los resultados muestran que, de las dos variables evaluadas, la expectativa de alcohol es la que mejor predice el comportamiento femenino, mientras que en el masculino interviene una combinación de ambas.

La expectativa de alcohol fue asociada con una reducción en el volumen de la sustancia gris en la ínsula posterior en las mujeres y del tálamo derecho en los hombres.

Según los autores el análisis de la sustancia gris en la ínsula y el tálamo podrían ser empleado para el diagnóstico del alcoholismo, a excepción del alcoholismo social.

Entre las limitaciones del estudio se encuentra el haber excluido del mismo a las personas más afectadas por el alcoholismo, las cuales suelen presentar psicopatologías, problemas neurológicos y consumo de otras sustancias, por lo que los resultados no representan a la población de alcohólicos crónicos.

Igualmente, el rango de edad está muy por encima de la de inicio del consumo de alcohol, por lo que no se puede saber si estas diferencias halladas son causa o consecuencia del consumo repetido de alcohol. Si estas diferencias se encontrasen entre los menores, a partir de los 14 años, se podría decir que existían antes de su consumo, y hablar así de cierta predisposición biológica al mismo, debido a sus estructuras neuronales.

Igualmente, se esperaría que, a mayor tiempo de consumo, las diferencias sean cada vez más evidentes, por lo que se precisaría ampliar la edad de estudio más allá de los 40 años.

A pesar de lo anterior, cabe destacar que las diferencias neuronales encontradas pueden dar cuenta de la necesidad de realizar una intervención diferencial en función del género para combatir la adicción al alcohol, para optimizar así los efectos de la terapia, en el caso de la mujer centrada exclusivamente en la expectativa del alcohol, buscando modificar las emociones positivas asociadas, con lo que reducir su consumo.
En cambio, en el hombre además se han de incorporar técnicas encaminadas al control de la impulsividad hacia el alcohol para que la terapia resulte efectiva.

* DIABETES
La diabetes es una enfermedad por la cual el organismo tiene problemas con la insulina, ya sea en su producción o en su uso. La insulina es una hormona producida por el páncreas por la cual se regula los niveles de azúrcar en sangre.
El origen de la diabetes es tanto genético como adquirido, incluso recientes estudios indican que puede ser causado por problemas emocionales.
El diagnóstico de diabetes conlleva una serie de cambios en la vida de aquel que lo padece, ya que está bajo su responsabilidad el mantener niveles adecuados de glucosa en sangre, por lo que tiene que adoptar una serie de medidas como la evaluación periódica (glucemia capilar) sobre tres o cuatro veces al día, y la administración de insulina en función de los resultados, en el caso de la Diabetes tipo 1; o bien realizando una alimentación sana, con actividad física regular, además de antidiabéticos orales o insulina en el caso de la Diabetes tipo 2.
Es comprensible entender que estos cambios, a los que no tiene que enfrentarse el resto de personas de su alrededor, puede influir en su estado de ánimo y su autoestima, sobre todo cuando aparece la enfermedad a edades tempranas entre niños y jóvenes, cambios que pueden "marcar" a la persona y afectar a sus relaciones, si no se recibe la suficiente ayuda para poder asumirlo.

Siendo especialmente sensible a los efectos de la diabetes, el campo de la reproducción humana, tanto en el aumento de casos de esterilidad e infertilidad sobre todo en los hombres; como en los posibles problemas gestacionales relacionados, en el caso de las mujeres que quieran tener descendencia, lo cual añade más riesgos y preocupaciones a los cambios propios de la maternidad, pero ¿Existen diferencias de género en la diabetes?

Esto es lo que ha tratado de responderse con una investigación realizada conjuntamente desde el Centro Médico Militar de la ciudad Príncipe Sultán y el Ministerio de Salud de Arabia Saudí (Arabia Saudí) cuyos resultados han sido publicados en la revista científica International Journal of Medical Science and Health.

En el estudio participaron doscientos treinta adultos diagnosticados con diabetes, excluyéndose a aquellos que tenían retraso mental o alguna otra patología psiquiátrica.

Los resultados muestran un gran porcentaje de comorbilidad entre la depresión y la diabetes, pudiendo llegar a un 45%, superior al 30% de estudios anteriores, esto es, casi la mitad de los pacientes con diabetes sufren depresión.

Se observó que el tiempo desde que se le diagnostica la diabetes juega un papel significativo en la aparición de la depresión, así cuanto más tiempo lleve con la enfermedad, más probabilidades de sufrir depresión.

No se encontraron diferencias significativas en función de la edad del paciente, de su nivel educativo, residencia (campo o ciudad), estado civil, número de hijos, ni su ocupación (trabajando o parado).

Hallándose diferencias en función del género, afectando la depresión en mayor medida a las mujeres con diabetes.

Además, el estudio señala una mayor comorbilidad del 95% con otras patologías como hipertensión o las dislipidemias (alteración patológica de la concentración de lípidos y lipoproteínas).

Por lo tanto, el perfil con más riesgo de padecer depresión como consecuencia de una diabetes previa, es una mujer, que tenga diagnosticada la diabetes desde hace tiempo, la cual además va a sufrir otra serie de patologías que van a perjudicar a su salud general.

* CIBERADICCIÓN

Actualmente es difícil encontrar un estudiante que no use habitualmente internet para sus labores o para ocio, por ello puede sufrir adicción a internet.

Cada vez la incursión de las nuevas tecnologías se realiza a más temprana edad, prácticamente desde los primeros años de vida, los pequeños ahora disponen de Tablets, y con unos años más tienen su propio Smartphone, con acceso a internet.

Hoy incluso en las escuelas se fomenta el uso de las nuevas tecnologías, a través de las tabletas en sustitución de los libros, además de que el profesor usa su pizarra electrónica todo ello conectado a internet, donde se diseñan materiales de consulta específicos para las clases.

Pero cuando se empieza con internet, no existe limitación en su uso, sobre todo cuando se adentra uno en los juegos o en las redes sociales, una actividad que cada vez va requiriendo de mayor tiempo, hasta que sin saber cómo se puede llegar a desarrollar un adicción, con todas las consecuencias negativas tanto en el desempeño académico, como en lo que respecta la socialización con sus iguales por parte del joven, y en algunos casos además conlleva cierto desatención personal que se puede mostrar con desaliño y falta de higiene.

Todo ello se considera como expresión propia de una adicción comportamental, que ha de ser superada con intervención de un especialista, y que en muchos casos requiere como primera medida cortar todo acceso del menor a internet, tal y como se haría con otro tipo de adicciones, pero ¿Es posible detectar la adicción a internet en jóvenes?

Esto es precisamente lo que se ha tratado de responder con una inestigación realizada desde la Universidad Payame Noor (Irán) cuyos resultados han sido publicados en la revista científica International Journal of Behavioral Research & Psychology.

En el estudio participaron trescientos ochenta estudiantes de instituto, de los cuales ciento noventa y cuatro eran chicas.

Los investigadores se plantearon tres objetivos, el primero, determinar hasta qué punto los jóvenes estudiantes sufren adicción a internet; el segundo, comprobar si esa presencia de adicción se relaciona con el nivel de sinceridad que expresa dentro de la familia; y por último si existen diferencias de género en las dos anteriores.

Para ello se empleó el cuestionario estandarizado I.A.T. (Internet Addiction Test) para evaluar el nivel de adicción a internet de los jóvenes, y uno creado al efecto para evaluar el nivel de sinceridad en casa de los participantes.

Los resultados informan sobre que los chicos experimentan significativamente un mayor nivel de adicción a internet; encontrándose además que la falta de sinceridad intrafamiliar aumenta a medida que lo hace la dependencia a internet, y por tanto se expresa significativamente en mayor medida en los chicos.

Por lo que es posible detectar la adicción entre los chicos simplemente observando el nivel de sinceridad de estos en la familia, así cuando se empieza a buscar escusas o a inventar motivos para estar conectado a internet, puede ser un buen indicativo para sospechar que el joven puede estar empezando a sufrir esta adicción.

Regla que no se puede aplicar a las chicas, ya que estas, a pesar de sufrir menores niveles de adicción a internet, cuando lo hacen, no se expresa con una menor sinceridad dentro de la familia, lo que a su vez hace más difícil su detección y por ello su intervención para que lo supere.

Esto indicaría que los chicos son más sensibles a sufrir este tipo de adicción relacionada con las nuevas tecnologías, lo que va a repercutir negativamente en la calidad de la convivencia familiar, al tratar de "esconder" su adicción.

* TRASTORNO DEL ESPECTRO AUTISTA

La sintomatología del autismo en su forma leve, puede pasar desapercibida, pero sigue teniendo consecuencias en la vida del pequeño.

Cuando uno piensa en autismo, quizás lo hace en los casos más severos, o donde los síntomas son tan claros que difícilmente queda duda al respecto, donde existe un evidente retraso en el desarrollo de la comunicación, con ausencia de mirada al interlocutor, movimientos repetitivos e incluso en algunos casos autolesiones, pero este trastorno abarca desde el autismo en su forma leve hasta el que presenta una mayor sintomatología.

De hecho la última modificación del sistema de diagnóstico americano D.S.M.-V (siglas en inglés de Manual Diagnóstico y Estadístico de los Trastornos Mentales, actualmente en su versión quinta) ha aunado distintos tipos de autismo en uno sólo denominado trastorno del espectro autista, el cual abarca todas las formas de autismo sin hacer distinción entre subtipos tal y como se hacía con anterioridad, donde se dividía el diagnóstico en trastorno autista, trastorno de Asperger, trastorno generalizado del desarrollo no especificado, entre otros.

El autismo, aún en su forma leve, va a tener importantes implicaciones tanto en el mundo de las relaciones sociales como en su desempeño profesional y a la hora de formar una familia.

Una situación que podría corregirse desde la infancia si se obtuviese un adecuado diagnóstico, ya que se podría poner tratamiento neuropsicológico compensatorio que sin duda facilitarían la vida futura del pequeño, pero ¿Cuáles son los síntomas del autismo en su forma leve?

Esto es precisamente lo que se ha tratado de responder con una investigación realizada desde la Universidad de Cambridge, la Universidad de Reading, junto con la Funcación Trust Cambridgeshire y el Peterborough N.H.S. (Inglaterra), cuyos resultados han sido publicado en la revista científica PLOS ONE.

Para ello se llevó a cabo un macro estudio a través de la web de la cadena de televisión inglesa Channel 4, en donde los participantes debían rellenar un cuestionario estandarizado autoadministrado denominado A.Q. (Autism-Spectrum Quotient), el cual sirve para detectar sintomatología de autismo en su forma leve.

En total participaron quinientos catorce mil novecientos setenta y dos mayores de 16 y menores de 89 años, de los cuales el 66,2% eran mujeres

Todos rellenaron el cuestionario A.Q., además de informar de datos sociodemográficos, edad, género, ocupación y lugar de residencia.

Los datos informan sobre una relación significativa entre los resultados proporcionados por el cuestionario y el género, alcanzándose puntuaciones más elevadas en varones; algo que concuerda con los estudios previos donde se observa una incidencia del Autismo de 4 casos en varones frente a 1 en mujeres.

Igualmente resultó significativa la puntuación alcanzada con la ocupación desempeñada, así los que mostraron puntuaciones altas en el cuestionario se dedicaban a labores más técnicas, como ingeniería, computación o ciencia, esto es, profesiones que no dependen tanto del contacto con otras personas, como relaciones públicas, personal sanitario, o la enseñanza.

Las implicaciones del estudio son varias, primeramente, los hombres están más expuestos a sufrir autismo en su forma leve; pero lo novedoso y más destacable es que, aún sin recibir diagnóstico, va a tener una incidencia en la vida adulta de la persona, tal y como lo refleja la diferencia con respecto a la ocupación.

Ocupación que por otro lado, también va a afectar al nivel de desarrollo económico, y a sus posibilidades de desarrollo social y personal. Luego los casos no diagnosticados y tratados, aun cuando son leves, no hacen sino ocultar una realidad, que a la larga va a perjudicar a la vida del adulto.

La persona, sin darse cuenta, amolda su futuro profesional a sus capacidades, o en este caso, a las limitaciones sociales, propias del autismo, sin darse cuenta que con la intervención neuropsicológica adecuada, podría corregirse, pudiendo llevar una vida totalmente normal.

* ENFERMEDAD DE PÁRKINSON

<<Algunos estudios han reportado una mayor frecuencia de enfermedad de Parkinson (aunque esta diferencia es mínima) en hombres y cierta disparidad en relación a síntomas motores con mujeres.

En general, son más los hombres diagnosticados de E.P. que mujeres, y con más frecuencia en hombres que en mujeres aparecen síntomas como rigidez y trastornos de movimientos oculares rápidos, mientras que más mujeres que hombres presentan discinesias y depresión. Se ha propuesto que los estrógenos tienen un carácter modificador e incluso neuroprotector, lo que explicaría por qué las mujeres sufren menos la enfermedad, de la misma manera que se ha comprobado que se produce un descenso en la testosterona en hombres afectados de párkinson, lo cual apuntaría a que la preservación de los niveles de testosterona en los hombres podría ser una forma de resistencia a la enfermedad de Parkinson.>>

Dª. Marian Carvajal Paje, psicóloga del Programa Contigo, Federación Española de Párkinson

* ENFERMEDAD DE ALZHEIMER

Una de las investigaciones más importantes que se realizan en el ámbito de la lucha contra la enfermedad del Alzheimer es sobre el diagnóstico temprano para poder intervenir.

Aunque actualmente no existe cura para el Alzheimer, se están realizando esfuerzos en la detención de la evolución de ésta enfermedad neurodegenerativa, que con el paso del tiempo va provocando un incremento en la dependencia de la persona al ir perdiendo sus habilidades cognitivas.

Esta detención se procura realizar tanto desde la psicofarmacología con el diseño de nuevos medicamentos, como desde la neurorehabilitación que trata de que el paciente mantenga el mayor tiempo posible sus capacidades intactas, y de crear nuevas vías de conectividad cerebral empleando estrategias alternativas para que la función final no se vea afectada.

Aunque el principal deterioro se produce en la memoria, no es la única capacidad que se va a ver implicada con el progresivo avance de la enfermedad, llegando a afectar tanto a la parte motora, del lenguaje como conductual de la persona.

Pero desde hace tiempo se ha observado que cuanto antes se detecte la enfermedad, cuando aún se están experimentando los primeros síntomas como los olvidos frecuentes, alteraciones de denominación, desorientación espacial, y labilidad emocional, antes se puede intervenir y esto va a hacer que el paciente tenga mayores posibilidades de gozar de una mejor calidad de vida a pesar de la enfermedad, pero ¿Existen biomarcadores en las etapas previas del Alzheimer?

Esto es precisamente lo que se ha tratado de responder con una investigación realizada por la Universidad de Giessen (Alemania) cuyos resultados han sido publicados en la revista científica Advances in Alzheimer's Disease.

Dentro de los posibles biomarcadores a encontrar, el autor de éste estudio se ha decantado por un análisis espectral del E.E.G., esto es, del registro de la actividad eléctrica cerebral, que se separa en función de las diferentes bandas, alfa, beta, theta y delta.

En el estudio participaron ochenta y nueve adultos, a los cuales se les evaluó mediante un test estandarizado sobre la atención; así como con el cuestionario estandarizado DemTec para establecer el nivel del deterioro cognitivo leve.

Según el resultado de éste cuestionario se separó a los sujetos entre altos y bajos niveles de deterioro cognitivo (cuarenta y cinco; y cuarenta y cuatro participantes respectivamente).

Para el registro del E.E.G. se les hizo pasar por cuatro condiciones experimentales de 5 minutos cada una; la primera de relajación (con la que comparar); una prueba de concentración; otra de rendimiento de cálculo; y la última de memoria.

Los resultados muestran diferencias en delta y theta en los electrodos prefrontales (F7 y F8) así como el frontotemporal (T3); especialmente significativo fue el resultado en la onda theta en la tarea de atención, al comparar entre los participantes del grupo de alto frente a bajo deterioro cognitivo leve.

Una de las limitaciones del estudio es que existe una importante diferencia hombre-mujer entre grupos.

En el grupo de altos niveles de deterioro cognitivo participaron diecisiete hombres, mientras que en el que obtuvo bajos niveles participaron veinticinco, lo que puede explicar alguna de las diferencias señaladas anteriormente.

La importancia de este estudio es que abre la puerta a una línea de investigación relativamente fácil de realizar, y de corroborarse con nuevas investigaciones se podría establecer como un biomarcador válido para detectar en las primeras etapas del Alzheimer.

<<El sexo femenino parece ser un marcador de riesgo para la enfermedad de Alzheimer, fundamentalmente en los estudios de incidencia realizados en Europa y Australia y no tanto en los realizados en los Estados Unidos.>>
Centro de Referencia Estatal de atención a personas con enfermedad de Alzheimer y otras demencias del I.M.S.E.R.S.O. (C.R.E. Alzheimer)

Los resultados anteriores indican cómo con una técnica relativamente simple de aplicar y en poco tiempo se puede llegar a establecer un diagnóstico válido sobre la presencia de sintomatología asociada al Alzheimer en las primeras etapas de la enfermedad, pero ¿Qué factores están implicados en la evolución del Alzheimer?

Esto es lo que se ha tratado de responder con una investigación realizada desde la Universidad de Fundan (China) junto con el Centro de Investigación Trasnacional del Hospital Universitario de Kioto y la Fundación para la Innovación y la Investigación Biomédica (Japón) cuyos resultados han sido publicados en la revista científica Plos One.

En el estudio participaron ciento sesenta y cinco pacientes diagnosticados con Alzheimer, de los cuales ciento ocho eran mujeres.

A todos se les administró el cuestionario estandarizado denominado Mini-Mental con el que evaluar el estado cognitivo global del paciente; y tras ello una batería neuropsicológica completa en donde se evaluaban cinco dimensiones: memoria, habilidad visoespacial, lenguaje, función ejecutiva y atención.

Además, se tuvieron en cuenta los datos relativos a la edad, género, nivel educativo e historial médico, prestando especial atención a la presencia de hipertensión, diabetes, hiperlipidemia (altos niveles de lípidos en sangre), problemas del corazón (insuficiencia cardíaca congestiva, infarto de miocardio o angina de pecho), problemas cerebrovasculares, caídas y artritis.

Se realizó un seguimiento del paciente a los 2 años y medio de media desde la primera evaluación para conocer el progreso de la enfermedad.

Los resultados muestran un deterioro progresivo en la memoria en todos los pacientes, siendo éste especialmente destacable en la habilidad visoespacial, la función ejecutiva y la atención; produciéndose un deterioro más rápido de las funciones cognitivas cuanto antes aparece la enfermedad.

Un resultado sorprendente fue el encontrar que aquellas personas que habían tenido mayores niveles educativos perdían las habilidades visoespaciales más rápidamente frente a los que tenían un nivel educativo inferior. Igualmente el tener antecedentes familiares de hipertensión y de enfermedades vasculares se asocian con un desarrollo más rápido del deterioro cognitivo.
Con respecto a las diferencias de género, las mujeres mostraron una evolución más lenta en el deterioro de la memoria, algo que señalan los autores del estudio sin entrar a valorar posibles teorías explicativas al respecto.

CONCLUSIONES

A través de este ebook se ha querido dar una panorámica general y amplia sobre los resultados de investigación en los distintos ámbitos de género.
Iniciando por lo más evidente, las diferencias genéticas, pasando por los aspectos biológicos hasta los psicológicos.
Un mundo del que todavía queda mucho por averiguar y que nos habla de la diversidad del género humano, lleno de matices.

SOBRE JUAN MOISÉS DE LA SERNA

Es Doctor en Psicología, Master en Neurociencias y Biología del Comportamiento, y Especialista en Hipnosis Clínica, reconocido por el International Biographical Center (Cambridge - U.K.) como uno de los cien mejores profesionales de la salud del mundo del 2010. Desarrollando su labor docente en distintas universidades nacionales e internacionales.

Divulgador científico con participación en congresos, jornadas y seminarios; colaborador en diversos periódicos, medios digitales y programas de radio; autor del blog "Cátedra Abierta de Psicología y Neurociencias" y de diecisiete libros sobre diversas temáticas.

Actualmente desarrolla su labor de investigación en el ámbito del Big Data aplicado a la Salud, para lo cual trabaja con datos provenientes de la India, EE.UU. o Canadá entre otros; labor que complementa con la asesoría a Startups tecnológicas orientadas a la Psicología y el Bienestar personal.